김봉수, 김진호, 신대광, 조성래 지음 | 임유 그림

BM (주)도서출판 성안당

한국사를 좋아하는 친구들에게!

여러분, 안녕하세요? 여러분을 만나게 되어 무척 반갑습니다. 우리는 전국에서 역사와 답사를 좋아하는 학교 선생님들의 모임인 체험학습연구회 사단법인 모아재 선생님들입니다. 워낙 역사를 좋아해서 책을 읽고 역사 속 현장을 직접 찾아다니는 활동을 오랫동안 해왔답니다. 더불어 여러분과 같은 친구들과 함께 역사를 재밌게 배우고 즐겁게 가르치고 있어요.

"찰칵 한국사"는 역사 속 사람들의 이야기가 펼쳐지는 순간을 그림으로 풀어낸 책입니다. 이 책은 일상의 사진처럼 역사 속 인물, 문화유산, 사건들의 의미 있는 순간을 사진 찍듯이 그렸답니다. 그림 속 의미를 하나씩 찾아보면 더욱 재밌게 읽을 수 있을 겁니다.

이 책은 우리 역사를 네 부분의 시기로 나누어 인류의 시작에서 발해와 통일신라까지를 1권, 고려 시대와 조선 전기를 2권, 조선 후기와 대한 제국기를 3권, 일제 강점기에서 최근 까지를 4권으로 구성하였습니다.

여러분!
이 책을 읽을 때에는 처음부터 읽지 않아도 좋아요. 역사란 특별한 시간과 주어진 공간에서 사람들이 빚어낸 이야기이기 때문에 내가 좋아하는 사람과 내가 관심 있는 사건부터 살펴보면 좋아요. 그러면서 점점 더 깊게, 점점 더 넓게 공부를 하게 된답니다.

우리 역사에는 수많은 사람들의 이야기가 무궁무진하게 살아 숨 쉬고 있거든요. 내가 역사 속 인물이 되어 이리저리 다니면서 짜릿한 모험도 하고, 나라를 세우기도 하고, 소중한 사람을 잃는 슬픔을 겪기도 합니다. 책을 덮고 났을 때 어제의 역사를 통해 오늘의 나는 내일을 위해 무엇을 할까 곰곰이 생각하게 된답니다.

여러분! 선생님과 함께 재밌는 역사 여행을 떠나 봐요!
그럼, 출발!

2021년 12월 역사를 좋아하는 선생님
김봉수, 김진호, 신대광, 조성래

한눈에 새기는
찰칵 2
한국사
고려~조선 전기

현직 교사들이 추천한 재미있는 한국사!

집에 가자마자 유치원 다니는 아이에게 책을 보여줬는데 줄거리랑 만화가 같이 있어서 엄청 좋아했습니다. 줄거리 끝에 '아니면…' 부분이 있어서 이건 답이 뭐냐고 엄청 물어보더라구요. 요새 첫째가 유치원에서 한국을 빛낸 100명의 위인들을 배우고 나서, 역사 인물 영상 찾아보면서 역사에 엄청 꽂혀 있는데 그 내용이랑 겹치는 부분이 많아서 재미있다고 12시까지 보다가 잤습니다. 뒷 부분에 색칠할 수 있는 부분도 엄청 좋아했어요. 한동안 첫째랑 이 책을 같이 보면서 지낼 것 같습니다~!^^
– 선부고 홍한빛이 선생님

4학년 친구들과 함께 읽어 봤어요. 어린이들이 역사 이야기를 읽다가 호기심을 가지게 하는 궁금증 포인트를 콕 짚어 속 시원하게 설명해 주는 책으로 5학년 역사 수업 입문서로도 좋을 것 같아요.
– 초지초 김양진 선생님

이 책은 단순히 듣고 기억하는 역사에서 벗어나 어린이 스스로 과거의 모습을 상상하고 그림을 통해 정리할 수 있도록 구성되어 있습니다. 이를 통해 우리 어린이들은 역사를 공부가 아닌 놀이처럼 즐기며 우리 역사의 흐름을 이해할 수 있을 것입니다.
– 단원고 최도연 선생님

이 책은 눈에 보이지 않는 과거 사람들의 이야기를 그림으로 이미지화해 독자들의 상상력을 자극합니다. 여기에 덧붙여 질문으로 구성된 각 장의 주제들은 상상력을 극대화시켜 작가들이 제기한 질문에 답을 하기 위해 역사책을 뒤지는 자신을 발견할 수 있을 거예요.
– 원곡고 이을 선생님

기존의 암기 위주의 한국사 책보다 재미있는 질문으로 구성되어 있어 학생들이 한국사에 흥미를 가지고 더 찾아볼 것이라고 기대됩니다. 익살스러운 그림과 함께 정리되어 있는 등장인물 코너도 재미있어요.
– 운산초 고혜숙 선생님

그저 가벼운 마음으로 눈이 가는 질문들을 쫓아 이리저리 역사 속 장면들을 따라 다녔을 뿐인데 머릿속에는 여행 사진들과 스토리가 선명히 남아 있는 듯하네요. 이 책은 총 4권이라고 해요. 과연 1권만 보게 될까요? 아니면…
– 남수원초 한동원 선생님

어떤 페이지를 펼쳐도 역사의 중요하고 재미있는 그림과 글들이 눈을 사로잡고 흥미를 유발시키는 듯합니다. 차분히 읽다보면 역사의 큰 줄기들을 사건을 중심으로 이해해 나갈 수 있고 여태 몰랐던 재미난 이야기를 찾아가며 여행하듯이 역사를 알아가게 되는 책이 아닐까 싶습니다.
– 화성 장안초 김종훈 선생님

다양한 역사적 사건과 인물들을 독특하고 재미있는 구도로 잘 담아낸 책입니다. 책장을 넘기다보면 어느새 역사 속 이야기들이 50장의 사진으로 남네요. 역사를 처음 접하는 5학년 아이들에게 선물하고 싶은 책입니다.
– 낙생초 손여진 선생님

역사는 지루하다는 편견을 깨주는 마법 같은 책, 너무 재미있어서 역사를 처음 접하는 어린 친구들에게 적극 추천합니다. 사진을 보며 추억하듯 이 책을 통해 많은 이들이 역사를 추억할 것입니다.
– 강원 노천초 박승현 선생님

이 책은 아이들에게 역사적 인물에 대한 행동뿐만 아니라 마음까지도 이해할 수 있게 해줍니다. 그래서 더 흥미진진하고 재미있습니다. 때로는 역사적 인물의 고뇌와 슬픔을 공감할 수도 있어요. 그래서 추천합니다.
– 강원 노천초 김용희 선생님

이 책은 학생 독자뿐만 아니라 역사에 관심을 가지고 있는 많은 독자들이 궁금해할 만한 주제를 골라 사진을 남기듯 1컷 그림과 함께 소개하고 있습니다. 처음부터 읽지 않아도 된다는 책 속 안내처럼 내가 궁금한 주제부터 살펴볼 수 있는 구성으로 역사에 많은 관심과 질문을 갖고 있는 독자들의 궁금증을 해결해 줍니다. 더 나아가 설명에서 끝나는 것이 아니라 더 생각할 만한 질문을 남겨 독자들이 스스로 생각해 볼 수 있는 기회를 줍니다. 특히 그림이 역사적 내용을 알기 쉽게 직관적으로 표현하였고, 마지막 부록 컬러링은 독자의 참여로 책을 완성하는 느낌을 주는 책입니다.
– 강원 한전초 정다은 선생님

이 책은 어려운 역사를 아주 쉽게 설명하고 독자들로 하여금 더욱 더 관심을 불러일으키는 재미를 느끼게 해 주는 책입니다. 특히 부록으로 제공되는 컬러링을 통해 미완성된 책을 독자가 직접 참여하여 함께 완성하는 느낌을 줍니다. 또 궁금한 부분부터 읽어도 되는 구성으로 부담없이 책을 읽을 수 있도록 해 주며, 이를 통해 역사 속 이야기를 부담 없이 접하게 해 줍니다.
– 강원 한전초 정준영 선생님

'한눈에 찰칵'하고 제목처럼 역사의 한 장면을 눈에 담아둘 수 있어 어린 친구들에게도 권하고 싶습니다. 자칫 어려울 수 있는 역사 공부가 이야기와 만화로 엮어져 술술 읽히며, 각 순서에서 소개하는 등장인물을 찾아내는 재미도 쏠쏠하답니다.
열린 질문으로 끝나는 이야기는 학생들의 호기심을 자극하여 관련된 역사를 더 탐색해 보거나 다른 가능성에 대해서도 생각하게 합니다. 부록 컬러링은 학생들이 만들어가는 페이지라 더 의미가 있습니다. 학생들의 눈높이에서 역사를 바라보고자 애쓴 현장 선생님들의 노력이 전해지는 책입니다.
– 강원 남부초 강수진 선생님

어디서나 한번쯤 들었을 법한 내용들을 질문하여 호기심을 자극하고, 만화인 듯 사진인 듯 함께 배치하여 어렵지 않게 이해할 수 있어 좋아요. 기존 역사책과는 다르게 순서대로 보지 않아도 되니까 더 쉽고 재미있어요.

– 강원 남부초 조성실 선생님

어린 학생들 눈높이에 맞춰 퀴즈 형식의 전개로 흥미를 더했습니다. 다소 과장된 삽화와 등장인물들의 부연 이야기는 학생들이 역사에 더 가까이 다가올 수 있게 합니다. 자기가 원하는 역사 궁금증부터 쉽게 다가설 수 있게 만든 특별하고 흥미로운 역사교과서입니다.

– 대구 구지초 김경태 선생님

지금까지 한국사 책들은 시대의 흐름에 따라 통사적으로 만들어져서, 아직 시공간적 개념이 제대로 형성되지 못한 아이들에게는 이야기책에 불과했습니다. "찰각 한국사"는 아이들의 흥미에 맞게 역사적 사건들을 재해석해 놓은 역사책으로 초등학교 1,2학년부터 고학년에 이르기까지 모든 아이들이 함께 볼 수 있도록 잘 만들어진 것 같습니다.

– 대구복명초 이정욱 선생님

재미있는 에피소드를 만화 형식으로 구성하여 학생들의 흥미를 불러일으킵니다. 그리고 책의 마지막에 색칠하면서 다시 내용을 상기하는 부분은 아주 독창적이며, 피드백을 독자에게 줄 수 있을 것입니다.

– 대구 장산초 박외곤 선생님

학생들이 궁금해할 만한 내용을 쏙쏙 골라 글과 그림으로 재미있게 구성한 책! 역사 공부를 처음 시작하는 학생에게 역사의 재미를 느끼게 해 줄 수 있는 책!

– 대구 세현초 하선희 선생님

책상 위에 둔 책이 사라졌어요. 어디 갔지? 아침에 내 책상 주변을 배회하던 1학년 ♡♡이가 읽고 있네요. "♡♡아! 다른 그림책 읽어. 역사라 어려울 텐데 무슨 내용인지 알겠어? 했더니 재미있다 합니다. 쉬는 시간 쪼르르 달려와 또 봐도 되냐고 묻습니다. 역사라고

하면 어느 정도 시간 감각이 생겨야 할 시기에 접해야 한다는 고정관념이 있었나봐요. 재미있는 그림과 적은 양의 글밥, 질문으로 시작하고 질문으로 끝나는 글이 상상력을 자극하기도 합니다. 특히 역사 속 많은 사람들이 등장하여 더 흥미롭습니다. 교사 입장에서는 역사 수업을 할 때 동기 유발용 자료로도 충분할 것 같아요.

– 대구 복명초 김량현 선생님

한국사에 대해 알고 싶은가요? 이해하기 쉽고 한눈에 들어오는 한국사를 공부하고 싶은가요? 흥미진진하게 이야기 속으로 집중하게 되는 한국사를 읽고 싶은가요? 그럼 "한눈에 새기는 찰각 한국사"를…

– 대구 반야월초 성주연 선생님

역사를 공부하며 한번쯤 생각했을 만한 궁금한 부분들이 있습니다. 이 책은 그런 궁금증을 재미있는 그림과 함께 풀어주는 책이더군요. 선사 시대부터 우리 땅에서 벌어진 많은 일들 중에서 흥미로운 사건들을 추려서 이해하기 쉽게 풀어써 준 이야기! '아니면…'과 함께 풍부한 상상의 세계로 데려가 주는 이야기! 역사의 흐름 속에서 '왜'라는 질문을 가져본 적이 있다면 한 번 읽어보길 권합니다.

– 대구 서동초 권영성 선생님

이 책은 선사부터 현대에 이르는 한국사를 초등학생의 흥미와 수준을 고려하며 인물, 사건, 문화유산을 중심으로 풀어냈습니다. 정치사뿐만 아니라 생활사, 문화사를 망라하여 전체적으로는 통사 구성을 취하며, 두 페이지로 이루어지는 각각의 주제는 서로 독립적이면서도 유기적인 관계를 이루고 있어요. 의문문 형태의 주제명, 그 의문을 해결할 수 있도록 서술된 본문 내용, 그리고 그와 연계된 추가 질문을 통해, 학생은 흥미와 호기심을 가지고 역사를 탐구하고자 하는 의욕을 지닐 수 있습니다. 아울러 인물 및 문화유산에 대한 설명을 통해 역사적 사실을 생생하고 사실적으로 접할 수 있으며, 만화로 구성된 사건의 서술을 통해 역사적 사실을 쉽고 친근하게 이해할 수 있을 것으로 기대됩니다. 특히 주제 단위의 간결한 구성은 학생의 역사적 상상력을 자극할 수 있고 주제와 연관하여 후속 탐구 수행을 촉진할 수 있습니다.

– 서울 한천초 박종국 선생님

역사적인 순간을 그림으로 표현해 눈에 쏘~옥, 머리에 쏘~옥 들어온답니다. 재미있고 재치도 있으나 그것에 그치지 않고 역사적 고증과 핵심 설명이 잘 되어 있으며, 캐릭터 소개 또한 역사적 순간을 이해하는 데 많은 도움이 됩니다. 역사가 어렵거나 지루하다고 생각하는 친구들에게는 역사에 대한 흥미와 관심을 느낄 수 있게 해 주고 역사를 좋아하는 친구들에게는 더 깊게 공부할 수 있는 안내자의 역할을 하는 책이라고 생각합니다.

– 서울 구일초 양은희 선생님

역사의 한 장면을 사진 찍듯이 머릿속에 쏙쏙 들어오도록 어린이의 눈높이에 맞춰 만화로 풀어낸 점이 돋보입니다. 순서대로 읽지 않아도 되고, 흥미와 관심이 가는 주제를 먼저 읽어도 되니 부담 없이 책을 읽으면서 역사에 대한 지식과 흥미를 가질 수 있게 도와주는 역사책이라고 할 수 있습니다.

– 서울 금나래초 김현애 선생님

어렵고 지루한 역사를 쉽고 재미있게 공부할 수 있는 역사책! 한 가지 질문을 읽고 한 장면으로 요약된 그림을 보다 보면 만화책을 보는 것처럼 쉽게 이해되고 옛날이야기를 듣는 것처럼 재미가 있습니다. 그리고 각 장면마다 등장하는 인물을 '숨은 그림 찾기'하며 내용을 읽다보면 한국사의 흐름을 저절로 알게 되는 역사책입니다

– 서울 인헌초 박순정 선생님

"찰각 한국사"는 막연하게 느껴질 수 있는 한국사에 생동감을 더해 줄 책입니다. 재밌는 질문으로 구성된 차례가 하나하나 독자의 호기심을 깨워주는 등불 같습니다.

– 이호중 박강연 선생님

중요한 한국사 명장면을 그림과 함께 보면서 한눈에 이해할 수 있어서 좋습니다. 그림에 숨겨진 역사속 의미를 찾아보는 재미도 놓치지 마세요!

– 만정중 김세은 선생님

이 책은 우리 역사에서 만날 수 있는 여러 사건과 인물들의 이야기를 한 장의 사진으로 표현했습니다. 역사적 상상력과 흥미를 불러일으키게끔 구성된 이 책을 통해 분명 아이들은 역사와 재미 둘 다를 얻을 것입니다.

– 문원중 홍상의 선생님

"한눈에 새기는 찰칵 한국사"는 방대한 역사의 순간순간을 머릿속에 한 장의 그림으로 떠올릴 수 있게 제작된 책입니다. 학생들의 호기심을 자극하는 질문들, 다양한 역사적 인물의 소개 등으로 학생들이 한국사를 흥미 있게 접할 수 있습니다.

– 윤슬중 강민석 선생님

이 책은 단편적인 역사 사실을 나열하는 게 아니라, 한국사의 흥미로운 사건에 대해 상상력 넘치는 질문을 던집니다. 아이들은 질문의 답을 역사 현장을 사진처럼 찍어낸 재밌는 그림 속에서 찾아갑니다. 그 속에서 아이들은 역사에 대한 흥미로운 관심을 가지게 될 거예요. 역사에 대한 깊은 생각을 하게 만들 징검다리 같은 책! 아이들과 함께 즐거운 역사 여행을 떠나 보세요!

– 부산진초 박동현 선생님

시간 흐름 순으로 역사 속 흥미 있는 사건을 짧은 이야기와 친근한 캐릭터 그림으로 소개하고 있습니다. 이 책을 보며 '정말일까?', '이렇게 생각해 볼 수 있는 거야?' 아이들이 재미있고 다소 황당할 수도 있는 질문을 해도 괜찮을 거라는 용기를 주는 책, 어떤 상상력도 ok, 어떤 질문도 ok, 질문이 꼬리를 물고 스스로 답을 궁리할 수 있는 씨앗이 될 수 있는 책입니다.

– 부산 전포초 이동훈 선생님

추천인

이철환	경기 안산디자인문화고등학교	김량현	대구 복명초등학교
최도연	경기 안산 단원고등학교	이정욱	대구 복명초등학교
이을	경기 안산 원곡고등학교	하선희	대구 세현초등학교
허승권	경기 화성 비봉고등학교	권영성	대구 서동초등학교
홍한빛이	경기 안산 선부고등학교	박광수	대구 삼영초등학교
이성훈	경기 광명 광문고등학교	박외곤	대구 장산초등학교
송동근	경기 화성 나루고등학교	박동현	부산 부산진초등학교
신유준	경기 용인 상현고등학교	장은수	부산 개원초등학교
김선우	경기 부천북고등학교	이동훈	부산 전포초등학교
김세은	경기 안성 만정중학교	장연지	부산 화명초등학교
홍상의	경기 과천 문원중학교	조석현	부산 명지초등학교
박강연	경기 안산 이호중학교	최혜정	부산 하남초등학교
강민석	경기 하남 윤슬중학교	양용철	경남 밀양초등학교
고혜숙	경기 오산 운산초등학교	최준	경남 거제용소초등학교
한동원	경기 수원 남수원초등학교	박선주	경남 부북초등학교
손여진	경기 성남 낙생초등학교	박현주	경남 밀주초등학교
김종훈	경기 화성 장안초등학교	조윤주	경남 창남초등학교
김도한	경기 수원 곡선초등학교	고환수	경남 한려초등학교
최재혁	경기 수원 남창초등학교	강수진	강원 춘천 남부초등학교
국찬석	경기 수원 신영초등학교	조성실	강원 춘천 남부초등학교
이연민	경기 수원 신영초등학교	손보균	강원 삼척초등학교
윤진희	경기 수원 남창초등학교	박정용	강원 섬강초등학교
박창우	경기 수원 연무초등학교	정준영	강원 한전초등학교
권예진	경기 오산 필봉초등학교	정다은	강원 한전초등학교
우미성	경기 수원 신풍초등학교	김용희	강원 홍천 노천초등학교
정혜순	경기 수원 연무초등학교	박승현	강원 홍천 노천초등학교
이미혜	경기 수원 연무초등학교	이은빛	강원 내면고등학교
문경숙	경기 화성 송화초등학교	김세용	강원 묵호고등학교
이혜숙	경기 화성 상봉초등학교	강수미	서울 금나래초등학교
문은홍	경기 수원 신영초등학교	김현애	서울 금나래초등학교
김민지	경기 화성 학동초등학교	양혜경	서울 금나래초등학교
신수경	경기 수원 선행초등학교	배옥영	서울 문백초등학교
정수영	경기 수원 일월초등학교	양은희	서울 구일초등학교
신상원	충남 서산중학교	박순정	서울 인헌초등학교
최승우	세종특별자치시 세종예술고등학교	신은희	서울 항동초등학교
오경택	전북 성심여자고등학교	이지영	서울 정덕초등학교
성주연	대구 반야월초등학교	김옥진	서울 성북초등학교
김경태	대구 구지초등학교	박종국	서울 한천초등학교

차례

01 신라 귀족들이 왕위에 오르려고 서로 다툰 까닭은?

신라 말에는 귀족들이 서로 왕위를 차지하려고 다툼을 벌였어요. 김헌창은 아버지 김주원이 왕위에 오르지 못하자 불만을 품고 웅천주에서 반란을 일으켰다가 실패했지요. 김헌창의 아들인 김범문도 반란을 일으켰다가 실패하면서 집안이 몰락합니다. 그런데 이들은 왕이 될 자질을 갖춘 사람들이었을까요? 아니면...

등장인물

김주원

통일 신라 왕족으로 선덕왕이 자식이 없이 죽자 왕으로 추대되었으나, 수도인 경주로 오는 길에 홍수로 강을 건너지 못하는 사이 김경신에게 왕위를 빼앗겼다.

원성왕

김주원이 강을 못 건너는 사이 궁궐에 들어가 왕이 되었다. 김주원이 강을 못 건너는 것이 하늘의 뜻이라고 신하들에게 주장했다.

김헌창

김주원의 아들로 아버지가 왕이 되지 못하고 자신도 지방의 관리로 지내게 되자, 이를 이유로 반란을 일으켜 크게 세력을 키웠다. 그러나 한 달 만에 패배했다.

김범문

김헌창의 아들로 100명의 산적과 함께 난을 일으켰으나 바로 진압되었다.

선덕왕이 죽자 김주원이 왕으로 추대 되었어. 하지만 홍수로 알천이 불어나 경주에 가지 못했지.
김헌창은 아버지 김주원이 왕이 되지 못한 것에 불만을 품고 반란을 일으켰지만 실패했어.
신라
많은 신하들이 날 왕으로 모시려 했으나, 비 때문에...
나를 따르는 사람도 많았고 땅도 크게 차지했으나, 안타깝게도 으윽...
장안국
고달산
아싸, 개이득!!!
아버지는 옛 백제 땅에서 군사를 일으켰으니 난 옛 고구려 땅에서 뜻을 이루겠다!
김주원이 오지 못한 것은 하늘의 뜻이니 김경신을 원성왕으로 추대합니다.
김헌창의 아들인 범문도 아버지의 뒤를 이어 반란을 일으켰지만 실패했지.

나라를 세우려면 호랑이 젖 정도는 먹어줘야 하는 까닭은?

견훤이 갓난아이였을 때 일입니다. 부모님이 들에서 일하는 사이 호랑이가 혼자 있는 견훤에게 젖을 먹였어요. 호랑이 젖을 먹은 견훤은 몸집이 크고 힘이 셌으며 자라서 군인이 되었지요. 그를 따르는 많은 사람들을 이끌고 후백제를 세웁니다. 그런데 견훤은 정말 호랑이 젖을 먹어서 튼튼해진 걸까요? 아니면…

등장인물

견훤

어릴 때 호랑이 젖을 먹고 자랐다고 전해진다. 호랑이와 같은 힘과 용맹함으로 후백제를 세운다.

호랑이

어린 견훤을 잡아먹지 않고 오히려 젖을 먹여 키웠다. 후백제를 세운 일등공신이다.

백제의 옛 영토였던 무진주(광주)와 완산주(전주)를 중심으로 후백제를 세웠어.
신라에 멸망한 백제를 다시 세우자!
후백제
역시 젖은 호랑이 젖이지.
군대에 들어간 견훤은 부하들과 함께 먹고 자면서 용맹하게 적들과 싸워 인기를 얻었어.
무진주
완산주
뭐 이런 걸 다. 하하하. 먼 길 오느라 수고했소.
후백제는 중국의 오월 등과 사신을 주고받는 등 외교 활동을 펼쳤어.
왕께서 보내신 사신에 대한 답례로 선물을 가지고 왔습니다.
역시 우리 장군님, 짱!

03 왕이 자신의 아들을 높은 곳에서 떨어뜨린 까닭은?

5월 5일 단옷날 신라 왕실에서 궁예가 태어났어요. 궁예가 신라를 멸망시킨다는 예언을 믿은 왕과 신하들은 그를 죽이려고 했지요. 궁예는 유모의 도움으로 겨우 목숨을 구하지만, 이때 눈을 다쳐 한쪽 눈이 보이지 않게 됩니다. 절에 들어가 숨어 살던 그는 나중에 이런 출생의 비밀을 알게 되었어요. 그런데 비밀을 알게 된 궁예는 무서워서 도망쳤을까요? 아니면…

등장인물

궁예

신라 왕실에서 쫓겨났으나 힘을 키워 후고구려를 세웠다. 나라를 세우기 전 부하를 제 몸 같이 아끼는 공정한 지휘관이었다.

유모

강보에 싸인 궁예를 받아 구했지만 손가락으로 눈을 찔러 한쪽 눈을 잃게 했다.

양길

북원(원주)의 호족. 한때 한반도 중부의 큰 세력을 가지고 있었다. 궁예를 믿고 군사를 주어 북원의 동쪽 땅을 점령하게 했지만 궁예의 세력이 점점 커지자 전쟁을 벌였다. 그러나 궁예에게 지고 말았다.

왕건

송악(개성)의 부유한 상인 집안 출신으로 그의 아버지와 함께 궁예의 부하가 되어 후고구려가 세력을 떨치는 데 큰 역할을 했다.

아이가 태어날 때부터 이를 가지고 태어났으니 무척 불길합니다. 신라를 위해 아이를 죽여야 합니다.
절에서 중이 된 궁예는 도적 떼에 들어갔다가 당시 신라 말에 세력을 키운 양길의 부하로 들어갔어요.
언젠가 세력을 키워 신라에 복수하고야 말 것이다.
후고구려를 세워 신라에게 고통 받는 백성들을 구할 것이오.
응애응애(눈이 아파요.)
생명은 겨우 구했지만 아직 위험해. 멀리 도망가서 살아야지.
세력이 커지자 여러 호족들이 궁예에게 항복했어요. 그중에는 용건과 왕건 부자도 있었지요. 궁예는 후고구려를 세웠어요.
왕건
용건

왕건을 찾아 온 신하들이 궁예를 몰아 내고 왕이 되어 달라고 부탁한 까닭은?

후고구려를 세운 궁예가 사람의 마음을 읽을 수 있다고 하며 가족과 신하를 죽이는 등 포악한 행동을 했습니다. 항복해 온 신라 귀족과 평민 등 죄 없는 사람까지 죽였습니다. 그러자 신하들은 후고구려의 이인자였던 왕건을 찾아와 궁예를 몰아내고 왕위에 올라달라고 부탁했어요. 그런데 왕건은 신하들의 부탁을 들어 궁예를 몰아냈을까요? 아니면…

등장인물

궁예

신라 왕족 출신으로 도적들을 모아 후고구려를 세웠다. 하지만 스스로 살아있는 부처라고 칭하며 포악하게 굴다가 결국 쫓겨난다.

왕건

궁예에게 충성스러운 신하였으나 궁예를 쫓아내고 고려를 건국한다.

궁예의 부인과 아들

사람의 마음을 읽을 수 있다는 궁예의 의심을 사서 억울하게 죽임을 당했다.

나는 살아있는 부처다. 너희들이 나쁜 마음을 먹은 것을 꿰뚫어 보았으니 살려 둘 수 없다.
나라 이름을 새롭게 고려로 하고 도읍은 송악(개성)으로 하노라!
고려
이러다가는 궁예한테 다 죽임을 당할 겁니다. 장군께서 제발 저희의 왕이 되어주세요.
궁예가 이인자였던 왕건을 의심하자 왕건은 거짓으로 대답해 위기를 벗어났어요.
왕건아, 나는 네가 역모를 꾸민 것을 다 알고 있으니 자백하라.
아닌데, 아닌데.
예, 맞습니다. 폐하, 죽여주시옵소서.

경순왕이 왕건에게 천년 왕국 신라를 바친 까닭은?

후백제의 견훤이 신라를 침략해 경애왕을 죽게 만들고 많은 재물을 뺏어갔습니다. 새로 왕위에 오른 경순왕은 왕건을 찾아가 신라를 고려에 바칩니다. 그런데 경순왕은 왜 침략하지도 않은 고려에게 신라를 바쳤을까요? 나라를 전쟁도 없이 넘길 만큼 고려의 왕 왕건이 마음에 들었을까요? 아니면…

등장인물

경애왕

신라를 침략한 후백제 견훤 군에게 붙잡혀 스스로 목숨을 끊었다.

경순왕

신라의 임금이 되었으나 약해진 신라를 고려에 바쳐 신라 마지막 임금이 되었다.

견훤

신라를 침공해 큰 승리를 거두었으나 많은 재물을 빼앗아 신라의 원성을 받았다. 결국 신라가 스스로 나라를 고려에 바치니, 이 전쟁에서 이득을 본 것인지 손해를 본 것인지 알 수가 없다.

마의 태자

신라 경순왕의 아들로 신라를 고려에 넘기는 것을 적극 반대했으나 실패로 끝나자 금강산으로 들어가 나오지 않았다.

견훤의 군대가 신라를 침략하자 경애왕은 포석정에서 목숨을 잃었어요.
왕건은 경순왕을 경주의 사심관으로 임명하고 자신의 딸과 결혼시켰어요.
견훤에게 이렇게 당하다니, 이대로 신라는 망하는가?
천년을 이어 온 신라가 이렇게 끝나고 마는구나. 흑흑
신라가 약해져 망하는 것은 시간 문제요. 견훤이 다시 쳐들어오면 큰일이니 얼른 신라를 고려에 바쳐야겠소.
절대 안 됩니다. 다시 생각해주십시오.
마의태자

견훤이 왕건의 편을 들어 후백제를 공격한 까닭은?

왕건과 견훤은 후삼국 통일을 두고 서로 싸웠습니다. 그런데 견훤이 큰아들인 신검을 무시하고 막내아들인 금강에게 왕위를 물려주려고 했습니다. 화가 난 신검은 아버지를 절에 가두고 왕위에 올랐어요. 쫓겨난 견훤은 왕건에게 항복하고 고려군의 앞에 서서 후백제와 싸웠지요. 결국 후백제는 멸망하고 왕건이 세운 고려가 후삼국을 통일했습니다. 그런데 견훤은 왕건의 부하가 되어 행복하게 살았을까요? 아니면...

등장인물

왕건

공산 전투에서 견훤에게 크게 패했으나 다시 세력을 정비하여 고창과 일리천 전투에서 승리하면서 후삼국을 통일했다.

견훤

아들 신검에게 왕의 자리를 뺏기고 난 후 왕건에게 항복하고 후백제를 공격하는 데 앞장섰다.

신검

견훤의 큰아들로 아버지가 배다른 형제인 금강에게 왕위를 물려주려고 하자 아버지를 쫓아내고 후백제 왕이 되었다.

금산사에서 탈출한 견훤이 왕건에게 찾아가자 왕건은 맨발로 달려 나와 형님으로 따뜻하게 맞이해 주었어.
내가 큰아들인데 왕위를 물려받지 못하다니, 분하다.
형들이 노려보니 왠지 기분이 싸한데?
왕위를 동생에게 빼앗긴 신검은 아버지를 가두고 왕위에 올랐어.
금산사
견훤을 앞세운 왕건이 일리천 전투에서 승리하고 황산벌에서 마지막 승리를 거두었어. 마침내 고려가 후삼국을 통일한 거야.
후삼국 통일
내가 모셨던 임금을 공격할 수가 없어. 항복해야겠다.
아버지는 이곳에서 푹 쉬고 계세요. 고려는 제가 무너뜨리겠습니다.
후백제를 세운 임금님께서 고려군과 함께 후백제를 침략하다니요!

왕건이 29명의 부인을 둔 까닭은?

후삼국을 통일한 왕건은 지방에서 세력이 큰 호족을 자신의 편으로 끌어들였어요. 부하가 된 호족들에게 왕씨 성을 내려주기도 했습니다. 특히 호족의 딸들과 결혼하여 자신의 가족으로 만들었지요. 그래서 왕건은 29명의 부인을 두었답니다. 그런데 고려의 다른 왕들도 왕건처럼 부인을 많이 두었을까요? 아니면…

등장인물

왕건

후백제를 통일하고 왕권을 강화하기 위해 호족의 딸들과 결혼하여 모두 29명의 부인을 두었다. 그런데 왕건이 죽은 후 아들들 사이에 왕권 다툼이 심하게 일어났다.

왕건의 부인, 아들과 딸

29명의 부인과 34명이나 되는 아들과 딸들은 지방 호족이었던 집안의 힘에 따라 그 지위가 결정되었다.

왕순식

원래 이름은 김순식이었으나 왕건의 수하로 들어간 다음 왕씨 성을 받아 왕순식이 되었다.

전쟁과 귀족들의 수탈에 지친 백성들에게 세금을 줄여주어 편안히 살게 했지.
지방 호족의 딸들과 결혼하여 왕권을 강화했어.
고구려의 옛 땅
고려
전쟁으로 힘든 백성들을 위해 수확량의 1/10만 세금으로 거두어라.
여보, 내 말 좀 들어보세요.
거란에게 멸망한 발해의 유민들을 받아들이고, 고구려의 옛 땅을 되찾기 위해 노력했어.
아빠, 사탕 사 주세염.
왕씨 성을 받아 임금님의 가족이 되었으니 충성을 다하겠습니다.
왕두식
자신의 부하가 된 지방 호족들에게 왕씨 성을 내려주었지.

08 팔관회에 외국 사신들이 참가한 까닭은?

고려 개경에서는 팔관회가 벌어졌어요. 왕과 백성들 대부분이 불교를 믿었던 고려에서는 팔관회와 연등회가 국가적인 축제로 크게 치러졌지요. 특히 팔관회 때는 왕이 신하들과 함께 맛있는 음식을 먹으며 화려한 공연을 보았습니다. 이때 송나라, 거란과 여진 등에서 온 사신과 상인들도 선물을 갖고 와서 축제에 함께 참여했어요. 그런데 외국 사신들은 고려에 축제를 즐기러 왔을까요? 아니면…

등장인물

공연단

팔관회를 위해 몇 달간 열심히 연습했다.

외국 사신

팔관회에 참석해 고려 왕에게 선물을 바쳐 서로 친한 나라임을 알렸다.

외국 상인

사신들과 함께 고려에 와서 귀한 물건을 사고팔아 이익을 남겼다.

매년 고려의 수도인 개경과 서경에서는 팔관회가 성대하게 열렸어.
고려에서는 해마다 부처님이 태어난 날을 기념하는 연등회도 열렸어. 이때 개경은 어두운 세상을 밝히는 부처님의 지혜를 상징하는 등불로 대낮처럼 환했지.
고려는 주변 여러 나라와 활발한 무역을 펼쳤어. 대표적인 무역항인 벽란도에서 송나라 상인들은 인삼, 종이 등을 사고, 도자기와 비단, 책 등을 팔았지. 거란과 여진의 상인들도 특산물을 팔았어.

관촉사 석조 미륵보살 입상이 마당에 나와 있는 까닭은?

국보 제323호인 논산 관촉사 석조 미륵보살 입상은 고려 광종 때 혜명 스님에 의해 만들어졌대요. 높이 18m가 넘는 커다란 불상은 고인돌을 쌓는 방법을 이용해 만들었다고 합니다. 이 불상은 멀리서도 볼 수 있게 절 마당에 세웠어요. 고려 황제로서 권위를 높이고자 광종이 이렇게 커다란 불상을 세운 것이지요. 그런데 부처님 머리가 유난히 큰 까닭은 당시 고려 사람들이 머리가 커서였을까요? 아니면…

등장인물

왕건

후손들에게 전하는 훈요 10조를 통해 고려가 불교를 중요시해야 함을 강조했다.

관촉사 석조 미륵보살 입상

키 18.12m로 눈, 코, 입이 매우 크며, 특히 얼굴이 사다리꼴로 못생겼다(?). 또 건물 안에 모셔지지 않고 건물 바깥에 나와 있다.

광종

고려 4대 왕. 강력한 왕의 힘을 과시하기 위해 관촉사에 거대한 석조 미륵보살 입상을 세웠다.

혜명 스님

관촉사 석조 미륵보살 입상을 세운 사람. 37년에 걸쳐 조각한 불상을 세우는 방법을 몰라 곤란해 하다가 아이로 변장한 문수보살의 도움을 받아 세웠다는 이야기가 전한다.

고려를 세운 왕건은 불교를 중하게 여겨 전국에 절을 세우고, 훌륭한 스님을 국가적인 지도자로 모셨어.
고려 4대 왕 광종은 자신의 권위를 과시하기 위해 커다란 불상을 관촉사에 세우도록 했어.
고려 건국과 후삼국 통일은 부처님 덕분이니라.
페하의 명을 받아 만든 불상 조각을 모래 언덕을 이용해 세웠어요.
고려 왕실과 귀족들은 가문의 번영을 기원하며 절을 세우고 많은 토지와 재산을 기부했지.
멀리서도 잘 보여서 언제든 부처님을 보며 기도할 수 있어.

10 고려의 젊은이들이 공부하다가 코피를 흘린 까닭은?

광종은 왕건의 아들로 고려 4대 왕이었습니다. 치열한 형제들 간의 다툼 끝에 마침내 왕위에 오른 광종은 자신의 권력을 강화하기 위해 노비안검법과 과거 제도를 실시했어요. 특히 과거 제도는 능력 있는 관리를 선발하기 위한 시험이에요. 중국에서 온 쌍기의 건의를 받아들여 시행하게 되었지요. 그런데 과거 시험 준비를 위해 학생들은 학원에 다녔을까요? 아니면...

등장인물

광종

왕권을 강화하기 위해 억울하게 노비가 된 사람을 양인으로 풀어주는 노비안검법을 실시하고, 과거 제도를 시행했다.

쌍기

중국에서 건너와 고려의 관리가 된 사람. 신분이 아닌 능력을 중심으로 관리를 선발하기 위해 과거 제도를 제안했다.

과거에 급제한 고려 젊은이

유학을 공부해 실력 있는 관리로 거듭났다.

풀려난 노비

억울하게 노비가 되었으나 다시 양인이 되어 자유를 얻었고, 열심히 일한 대가의 일부를 국가에 세금으로 냈다.

노비안검법
광종은 억울하게 호족들의 노비가 된 사람들을 양인으로 풀어주는 노비안검법을 실시했어.
이렇게 훌륭한 인재가 과거를 통해 뽑히다니.
세금도 많이 거둘 수 있고 호족들 힘도 약하게 할 수 있겠군.
과거 시험장
고려를 위해 충성을 다하겠습니다.
폐하, 과거를 통해 나라를 발전시킬 인재를 뽑는 것이 어떨까요?
과거
좋은 생각이오. 빨리 시행하도록 하시오.
실력만 있다면 과거를 통해 관리가 될 수 있어.
중국에서 건너온 쌍기가 과거 제도 도입을 건의하자, 광종은 이를 받아들였지.

11 최승로가 왕들에 대한 평가를 보고서로 정리한 까닭은?

고려 6대 왕 성종은 왕위에 오르자 신하들에게 나라를 발전시킬 좋은 생각들을 써내라고 했습니다. 신하 중에서 최승로는 자신이 모셨던 다섯 명의 왕에 대하여 본받을 점과 고쳐야 할 점을 적고 올바른 정치를 위해 임금 스스로 모범을 보여야 한다는 내용을 담은 시무 28조를 올렸어요. 그런데 신하가 왕에 대한 평가를 하다니 최승로는 목숨이 아깝지 않았던 걸까요? 아니면...

등장인물

성종

고려 6대 왕. 최승로의 건의를 받아들여 유교를 정치의 근본이념으로 삼아 여러 가지 제도를 마련했다. 지방에 중앙 관리를 보내 직접 다스렸으며, 개경에는 국립 대학인 국자감, 지방에는 향교를 세워 교육에도 힘썼다.

최승로

어릴 때부터 똑똑하다고 소문이 나서 태조 왕건으로부터 상을 받았다. 성종에게 보고서인 시무 28조를 올렸다.

나라를 발전시킬 방법을 보고서로 제출하시오.
뉘~
최승로 말대로 지방에 관리를 보내 다스리게 했더니 내 뜻대로 나라가 운영되는군!
성종은 지방에 관리를 파견하여 왕을 대신해 백성들을 잘 보살피게 했어.
최승로는 성종에게 28개의 개혁안(연등회와 팔관회 폐지, 유교 정치 시작, 관료 제도 정비 등)을 보고서로 작성해서 올렸어.
시무28조
최승로의 의견이 정말 뛰어나군.
국자감
나주목
상
국자감과 향교를 세워 유교로 나라를 다스려야지.

거란(요나라)이 땅을 뺏으러 왔다가 오히려 땅을 주고 간 까닭은?

거란(요나라)의 장수 소손녕이 80만 대군을 이끌고 고려를 침략하자 고려는 발칵 뒤집혔습니다. 신하들 중에는 평양 이북의 땅을 바치고 전쟁을 끝내자고 주장하는 사람도 있었지요. 하지만 서희는 이를 반대하고 소손녕을 만나러 갔어요. 그는 소손녕이 마당에서 절을 하라고 하자 단호히 거절했습니다. 그런데 모든 것이 불리해 보이는 상황에서 배짱을 부린 서희는 목숨이 아깝지 않았던 것일까요? 아니면…

🚩 등장인물

소손녕

거란(요나라)의 장수로 80만 대군을 이끌고 고려를 침략했다. 그의 목적은 송나라와 고려의 관계를 끊는 것이었다.

서희

100대 1도 아닌 80만대 1의 전쟁에서 승리한 사람. 광종이 실시한 과거 시험에 합격한 인재였다. 관리가 된 후 중국에 사신으로 다니면서 국제 정세에 밝았던 그는 외교의 달인이었다.

거란

고려

거란(요나라)은 고려가 송나라와 외교 관계를 끊고 자신들을 섬길 것을 요구하며 고려를 침략했어.

당장 항복하라. 그렇지 않으면 80만 대군으로 고려를 짓밟아 버리겠다.

너희 고려는 신라를 이은 나라인데 어찌 고구려 영토를 차지하고 있느냐?

뭔 소리, 우리 고려야말로 고구려를 계승한 나라다. 강동 6주를 내어주면 너희와 정식으로 교류하겠다. 어때?

거란군 수가 많으니 평양 이북 땅을 내어주고 항복합시다.

걱정마시오! 내가 나서서 화려한 개인기로 거란군을 물러가게 하겠소!

서희는 소손녕을 만나 담판을 짓고 거란군을 물리쳤으며, 오히려 강동 6주의 땅을 얻었어.

거란(요나라)의 침입 소식에 왕과 신하들은 당황했지. 하지만 서희는 적의 장수와 담판을 지어 해결하겠다고 했어.

서희가 확보한 강동 6주는 중국과의 길목으로 고려 발전에 중요한 역할을 했지.

흥화진

용주

철주

통주

귀주

곽주

여진

고려

강감찬이 흥화진 강물을 쇠가죽으로 막은 까닭은?

고려와 거란의 사이가 나빠지면서 소배압이 이끈 10만의 거란군이 고려를 침략했어요. 벌써 3번째 침입이에요. 거란의 침입에 대비해 미리 군대를 키워 온 고려는 당황하지 않고 강감찬을 총사령관으로 하여 맞섰습니다. 강감찬은 흥화진에서 강의 상류를 쇠가죽으로 막았다가 거란군이 건널 때 트고 공격을 해서 큰 승리를 거두었어요. 그리고 귀주 벌판에서 또 한 번 크게 무찔러 거란군을 물리쳤지요. 그런데 계속 지기만 한 거란군은 고려를 또 침략했을까요? 아니면…

등장인물

강감찬

거란의 3차 침입을 막은 장군. 거란의 군사들이 강을 건널 때 막았던 강물을 터뜨려 크게 물리쳤다.

소배압

1차 침입 때 서희의 외교술에 꿀 먹은 벙어리가 됐던 소손녕의 형. 강감찬의 전술에 물먹고 크게 패해 돌아갔다.

이번에야말로 고려의 항복을 받아내고 오너라.
우리 형 화이팅!!!
넵!!!
거 란
고려가 송나라와 외교 관계를 유지하자 거란(요나라)의 성종은 소배압을 시켜 고려를 다시 침략했어.
천 리 장 성
이후 고려는 강감찬의 건의로 외적의 침입에 대비하여 개경 주위에 성을 쌓았고, 국경에도 천리장성을 쌓았지.
서희가 확보한 강동 6주의 흥화진에서 강감찬은 강물을 소가죽으로 막았다가 거란군이 건널 때 터서 큰 승리를 거두었어.
다시는 우리 땅을 넘보지 못하게 혼쭐을 내주마.
고려
불어난 강물 때문에 움직이기 힘든데 고려군의 화살은 왜 이렇게 정확한 거야. 나 죽네.
흥화진에서 패배한 거란군이 다시 군대를 정비하여 고려를 공격하자, 강감찬은 귀주 벌판에서 거란군에게 큰 승리를 거두었어.

14 고려가 애써 쌓은 동북 9성을 여진에게 돌려준 까닭은?

윤관은 고려의 국경 지대를 자주 침략하던 여진족을 토벌하러 갔다가 크게 패배했어요. 하지만 윤관은 좌절하지 않고 여진의 기병 부대에 대항하는 별무반을 만들어 3년간의 훈련 끝에 크게 승리를 거두고 동북 9성을 쌓아 영토를 넓혔습니다. 이후 고려는 애써 확보한 동북 9성을 여진에게 다시 돌려주었지요. 그런데 고려는 힘들게 얻은 땅을 돌려준 바보일까요? 아니면...

등장인물

여진족

고려의 동북쪽에 모여 살던 민족. 삼국 시대에는 말갈족이라고 불렸다. 세력이 강해지면서 고려를 침략하다가 윤관의 별무반에게 큰코다쳤다. 하지만 나중에는 금나라를 건국해 떵떵거렸다.

윤관

고려 장군. 처음 여진족에게 패했지만 이후 별무반을 만들어 크게 승리했다.

별무반

여진족의 기마 부대에 대비해서 만든 특수 부대. 보병과 기병 그리고 스님들로 구성된 부대. 이렇게 3군으로 구성되었다.

윤관과 별무반이 여진족을 정벌하고 동북 지역에 9개의 성을 쌓아 영토를 넓혔어.
윤관이 고려를 침략한 여진족의 기병에게 지고 말았어.
동북 9성
하지만 여진족의 계속된 공격과 수비의 어려움 때문에 다시는 고려 땅을 공격하지 않겠다는 약속을 받고 돌려주었지.
여진족의 빠른 기마 부대를 너무 얕보았구나. 두고 보자.
윤관은 왕에게 여진족의 기병을 이기기 위한 특수 부대 창설을 요청했어.
다시는 공격하지 않겠다고 약속하면 돌려주마.
동북 9성
별무반
넵, 약속합니다.
여진의 기병에 맞서 싸울 특수 부대를 만들어 열심히 훈련시키고 있습니다.

15 서경의 대동강에서 용이 날아 오른 까닭은?

서경을 찾은 고려 17대 왕 인종은 대동강에 용이 나타났다는 묘청의 말에 크게 놀랐어요. 하지만 묘청이 꾸며낸 거짓이었습니다. 떡 기름을 대동강에 흘려 보내고 햇빛에 반사된 기름 색을 용의 자취라고 속인 것이지요. 묘청은 서경으로 수도를 옮기고자 이런 거짓을 꾸민 것입니다. 하지만 서경으로 수도를 옮기는 일이 귀족들의 반대로 실패하자 서경에서 대위국이라는 나라를 세우고 반란을 일으켰어요. 그런데 묘청의 난은 성공했을까요? 아니면…

등장인물

이자겸

자신의 세 딸을 두 명의 왕에게 시집보낸 고려 최고 귀족. 하지만 왕이 되려고 난을 일으킨 욕심꾸러기.

인종

장인이었던 이자겸의 난으로 고생한 왕. 이후 묘청의 말을 듣고 서경으로 수도를 옮기려다 마음을 바꾼 변덕쟁이.

묘청

풍수지리설을 잘 아는 승려. 인종을 설득하여 서경으로 수도를 옮기려 했지만 실패했다.

김부식

"삼국사기"를 편찬한 학자이자 개경 대표 귀족. 묘청이 난을 일으키자 군대를 이끌고 진압했다.

인수절
새로운 나라 대위를 세워 금나라를 정벌하자!
대위
왕의 장인 이자겸이 난을 일으켰지만 실패했어. 이 사건으로 궁궐이 불에 탔지.
묘청은 서경으로 수도를 옮기는 것이 실패하자 난을 일으켰어.
묘청은 수도를 개경에서 서경으로 옮기면 나라가 잘 될 것이라고 인종을 설득했지.
개경 귀족 김부식이 이끈 고려군에 의해 묘청이 일으킨 난은 진압됐지.
서경
반대합니다. 풍수지리는 믿을 것이 못됩니다.
땅의 기운이 좋은 서경으로 수도를 옮기면 나라가 더욱 발전할 겁니다.

16 대장군이 젊은 문신에게 뺨을 맞은 까닭은?

놀기 좋아하는 왕, 고려 의종이 보현원에 놀러갔을 때 일이에요. 이소응 대장군이 젊은 무신과 무예를 겨루다 지자, 한뢰라는 문신이 왕과 여러 신하들 앞에서 이소응 대장군의 뺨을 때리고 비웃었습니다. 무신인 이소응 대장군은 한뢰보다 벼슬도 높고 나이도 많았어요. 그런데 한뢰는 큰 벌을 받았을까요? 아니면...

등장인물

의종

밤낮으로 나들이를 다니며 놀기를 좋아했던 고려 18대 왕. 문신보다 무신을 차별하다가 화가 난 무신의 난으로 왕위에서 쫓겨났다.

정중부

무신의 난을 주도한 인물. 젊은 문신이었던 김돈중에게 수염이 불태워진 적이 있어 문신을 미워했다. 그때는 참았지만 이소응 대장군이 뺨을 맞는 사건이 일어나자 무신들을 모아 난을 일으키고 권력을 잡았다.

최충헌

무신들의 권력 다툼에서 최종 승리를 차지했다. 권력을 독차지하기 위해 친동생마저 죽였으며, 교정도감을 설치하고 자신을 반대하는 사람들을 모조리 제거했다.

무신인 정중부와 이소응이 젊은 문신들에게 온갖 모욕적인 일을 당했어.
권력을 차지한 무신들끼리 서로 다투어 죽고 죽이는 일이 반복됐지.
화가 난 무신들이 정중부를 중심으로 문신들을 죽이고 권력을 차지했어.
최충헌은 교정도감과 도방을 설치해서 자신의 권력을 유지했어. 그의 자리는 자식들에게 대물림됐지.
내가 최고!
문신 옷을 입고 모자를 쓴 사람은 벼슬과 상관없이 모조리 죽여라!
정중부
아니, 나야!
이의방
어허, 나지!
경대승
힘이 센 나라니까!
이의민
바로 나, 최충헌이 최후의 승자! 하하하
교정도감

17 망이와 망소이의 성은 망씨일까요?

망이와 망소이가 살던 '소'라는 지역은 특산품을 만들어 바치는 곳으로 세금 부담이 무거웠어요. 그런데 무신들이 정권을 잡은 후 나라에 바쳐야 하는 양이 더욱 늘어났지요. 이를 참다못한 사람들이 망이와 망소이를 중심으로 죽기를 각오하고 봉기를 일으켰답니다. 이들의 세력이 커지자 무신 정권은 그들을 달래기 위해 요구 조건을 들어주기로 했습니다. 망이와 망소이는 약속을 믿고 고향으로 돌아갔어요. 그런데 무신 정권은 약속을 지켰을까요? 아니면...

등장인물

망이와 망소이

무거운 세금을 견디다 못해 일어난 용감한 형제. 성이 '망'씨가 아니고 이름이다. 고려 시대에는 왕과 귀족을 제외한 대부분의 백성과 천민들은 성이 없었기 때문이다.

김사미와 효심

망이와 망소이 형제처럼 무거운 세금 때문에 땅을 잃고 떠도는 농민들을 모아 봉기를 일으켰다.

만적

무신 정권 시기 최고 권력자인 최충헌의 노비. 나무하러 온 노비들을 설득해 천대받는 사람이 없는 새로운 세상을 꿈꾸었으나 실패했다.

권력을 차지한 무신들은 함부로 백성들의 재산을 빼앗아 자신들의 배를 불렸고, 백성들의 생활은 점점 어려워졌어.
청도 운문의 김사미와 울산의 효심도 무거운 세금에 반발해 반란을 일으켰어.
우리가 주인을 없애고 노비 문서를 불태워 누구나 장군이나 재상이 될 수 있는 세상을 만듭시다.
우리 요구를 들어준다는 약속을 어기고 뒤통수를 치다니, 치사하다.
더는 참을 수 없다. 일어나 싸우자!
공주 명학소에서 특산물을 만들어 나라에 바치던 '소'의 주민인 망이와 망소이 형제가 난을 일으켰어.
최충헌의 노비였던 만적은 천한 백성들도 차별받지 않는 세상을 꿈꾸며 난을 일으키려고 하다가 실패했지.
43

18 잘 싸우던 몽골군이 갑자기 물러간 까닭은?

고려의 북쪽 국경 너머에서 몽골의 세력이 커졌어요. 몽골은 사신 저고여가 국경에서 죽은 것을 핑계로 고려를 침입했습니다. 이후 몽골은 30년 동안 고려를 총 6차례나 공격해 큰 피해를 입혔어요. 두 번째 침입 때의 일이었지요. 살리타이가 이끈 몽골군에 맞서 용인 처인성에서는 김윤후와 백성들이 용감하게 싸웠습니다. 고려군이 쏜 화살에 사령관 살리타이가 쓰러지자, 몽골군은 서둘러 도망갔습니다. 그런데 살리타이를 쓰러뜨린 화살은 김윤후가 쏘았을까요? 아니면...

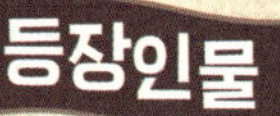

등장인물

저고여

고려에 사신으로 왔다가 돌아가는 길에 의문의 죽임을 당한 몽골 장군.

최우

아버지 최충헌에 이어 고려의 권력을 차지한 신하로 몽골의 침략에 맞서 강화도로 수도를 옮겼다.

살리타이

몽골 1, 2차 침략의 총사령관으로 많은 승리를 거두었으나 처인성 전투에서 목숨을 잃었다.

김윤후

승려 출신으로 몽골의 침입을 처인성과 충주성에서 연거푸 물리쳤다.

우리 사신을 죽이다니 용서할 수 없다.
고려에 왔다 몽골로 돌아가던 사신 저고여가 국경 근처에서 살해되자 이를 핑계로 몽골의 1차 침입이 시작됐어.
고려
몽골
우리가 아니라니까!
조그만 섬에 들어가다니, 다른 지역들을 침략해야지.
두 번째 침입 때 처인성에서 김윤후와 백성들은 몽골군 사령관 살리타이를 화살로 쏘아 죽이고, 몽골군을 물리쳤어.
6차례나 계속된 몽골군의 침입으로 수많은 백성들이 죽거나 끌려갔고, 황룡사구층 목탑 등 많은 문화재가 불에 타 사라졌어.
1차 침입 이후 몽골의 무리한 요구에 반발하여 고려의 권력자 최우는 수도를 강화도로 옮기고 끝까지 싸우려고 했지.
몽골은 말을 탄 기마병이니 섬인 강화도로 수도를 옮겨야지. 백성들은 알아서 잘 살겠지. 백성들이란 세금만 잘 내면 되는 거야.

19 싸우기도 바쁜데 팔만 장이 넘는 대장경을 만든 까닭은?

고려는 몽골군이 침략하자 부처님의 힘으로 몽골군을 물리치고자 팔만대장경을 만들었습니다. 전쟁으로 힘든 상황에서 팔만대장경을 제작하는 것은 엄청난 일이었어요. 많은 시간과 돈이 필요한 팔만대장경 제작보다 군대를 더욱 크게 키우는 것이 우선 아니었을까요? 그런데 팔만대장경이 완성되고 몽골군은 물러갔을까요? 아니면...

등장인물

초조대장경

거란의 침략을 막기 위해 만든 대장경으로 대구 부인사에 보관되어 있다가 몽골의 2차 침략 때 불타 없어졌다. 인쇄본 일부가 경기도 박물관에 있다

팔만대장경

국보 제32호이자 유네스코 세계 기록 유산. 해인사에 보관된 팔만대장경은 모두 81,352장의 목판이다. 차곡차곡 쌓았을 때 높이가 약 3.2km로, 백두산(2,744km)보다 높다.

직지심체요절

세계에서 가장 오래된 금속 활자로 된 책으로 유네스코 세계 기록 유산. 짧게 "직지"라고 불리는 이 책은 아쉽게도 우리나라에 없고 프랑스 국립 도서관에 보관되어 있다.

몽골군의 침략을 부처님의 힘으로 물리치기 위해 고려의 백성들은 힘을 모아 팔만대장경을 제작하기로 했어.
대장경을 새긴 목판은 30년 이상 된 좋은 나무를 골라 바닷물 속에 1년 이상 담가 두었다가 소금물에 삶은 후 잘 말려 만들었어.
고려는 세계 최고의 인쇄술을 가진 나라였어. 세계에서 가장 오래된 금속 활자 책인 "직지"도 고려의 책이야.
새기고자 하는 글씨를 목판에 붙인 다음 글자를 새겼어. 한 글자를 새길 때마다 한 번씩 절을 하고 정성을 다했어.
直指

몽골에서 고려 음식과 옷이 유행한 까닭은?

고려에서는 몽골 머리 모양인 변발을 비롯해 몽골 음식과 옷이 귀족들 사이에서 크게 인기를 끌었습니다. 한편 몽골이 세운 원나라에서는 고려 옷과 음식이 유행했어요. 특히 고려 여인들이 입는 한복은 인기가 높아서 원나라뿐만 아니라 원나라를 좇아낸 명나라에서도 계속 유행했다고 합니다. 그런데 원나라 사람들도 상추쌈을 싸먹었을까요? 아니면...

등장인물

원종

원나라의 요구 조건을 받아들여 전쟁을 끝낸 고려 왕.

충선왕

고려를 개혁하려 하였으나 실패했다. 원나라에 머물며 책을 모으고 학자들과 교류하여 고려의 학문 발전에 기여했다.

조인규

별 볼일 없는 시골 출신이었으나 몽골어를 익혀 통역관이 되어 출세하기 시작했다. 딸을 왕비로 보내고, 재상의 자리까지 올랐으니 몽골어로 인생 역전한 사람이다.

고려 여인을 아내로 맞은 원나라 관리

고려를 그리워하는 아내를 위해 고려 물건들로 집을 치장했다. 아내를 따라 고려 음식인 밥을 쌈에 싸서 먹기도 했다.

원나라와 강화를 맺은 고려에서는 많은 변화가 생겼어. 먼저 고려 왕은 이름에 충자를 넣고 원나라 공주와 결혼해야 했어.
고려에서는 몽골의 변발과 음식 등이 귀족들에게 큰 인기를 끌었어. 대표적인 몽골 음식으로는 설렁탕과 소주가 있지.
고려는 고려청자와 매를 비롯한 많은 물건과 어린 여자들까지 원나라에 공물로 바쳤어.
원나라에서는 고려 옷과 음식이 고려양이라는 이름으로 크게 유행했어. 지금의 한류처럼 말이야.
이것도, 저것도...
소주
해도 해도 너무 하네. 어떻게 다 준비하지?
난 고려 스타일~~ ♪
난 몽골 스타일~~ ♬

21 노국 공주가 안동 사람들의 등을 밟고 개울을 건넌 까닭은?

공민왕의 부인은 원나라 공주인 노국 공주입니다. 원나라 공주이지만, 공민왕이 원나라의 간섭에서 벗어나 고려를 강하게 만드는 데 발 벗고 나서서 도왔습니다. 김용이라는 신하가 공민왕을 죽이려고 할 때 문 앞을 가로막아 그의 생명을 구하기도 했어요. 추운 겨울 어느 날 노국 공주가 사람들의 등을 밟고 개울가를 건너고 있습니다. 그런데 자신의 발이 시릴까봐 강제로 백성들을 모아 등을 밟고 건넌 것일까요? 아니면...

등장인물

공민왕

원나라 간섭에서 벗어나 빼앗긴 영토를 회복하고 고려의 힘을 키운 왕. 평생 노국 공주만을 사랑한 사랑꾼.

노국 공주

공민왕의 부인으로 그의 정치를 적극적으로 도왔다. 홍건적이 쳐들어와 안동으로 피란을 갔을 때 개울을 건너려고 하자 안동 여자들이 스스로 나와 허리를 굽혀 다리를 만들어 준 것으로 보아 백성들이 노국 공주를 좋아한 것을 알 수 있다.

신돈

공민왕의 신임을 받아 백성들을 위한 정치를 펼쳐 백성들의 존경을 받았으나 권문세족들의 모함으로 죽임을 당했다.

원나라의 힘이 약해지고 있는 이때가 바로 고려의 힘을 다시 키울 기회야!
공민왕은 신돈을 등용하여 농민들이 권문세족에게 억울하게 뺏긴 땅을 되돌려주었어.
공민왕은 원나라의 힘이 약해진 틈을 타서 원나라 관리와 친원 세력을 쫓아내고, 원나라가 차지했던 고려의 옛 영토를 회복했어.
나는 원나라 공주이기도 하지만 고려 왕비다! 썩 물러가거라!
권문세족들이 신돈을 모함하여 쫓아내자 공민왕이 실시한 개혁은 끝이 났어.
노국 공주는 원나라 공주였지만, 공민왕의 개혁 정치를 적극적으로 도왔지.
원나라에 반대하는 공민왕을 없애려고 하니 노국 공주님은 몸을 비켜주십시오!

22 최무선이 원나라 상인과 친하게 지냈던 까닭은?

고려 말에는 왜구와 북방 오랑캐의 침입으로 백성들이 많은 고통을 당했어요. 그래서 고려 장군 최무선은 화약과 화약을 이용한 무기 개발을 위해 노력했습니다. 그는 화약 제조법을 배우기 위해 원나라 상인인 이원을 집에 모셔 놓고 잘 대접했지요. 그런데 최무선은 이원에게 화약 제조법을 배웠을까요? 아니면...

등장인물

최무선

왜구를 물리치기 위해 화약과 화약 무기가 필요하다는 것을 알고 중국까지 건너가 공부하는 등 온갖 노력 끝에 화약을 만들어냈다.

이원

화약을 만드는 중요한 재료인 염초 제작법을 알고 있던 원나라 상인. 최무선의 정성에 감복하여 염초 제작법을 알려주었다.

왜구

고려 말에 한반도와 중국의 해안 일대를 다니면서 백성들의 재산과 생명을 빼앗던 해적.

고려 말 백성들은 왜구들의 잦은 침입으로 많은 고통을 받았어.
화약 제조법을 익힌 최무선은 화통도감을 설치하여 화약과 화포를 만들었지.
화통도감
화약이 있다면 왜구를 쉽게 물리칠 수 있을 텐데... 화약 제조법을 배워야겠어.
이 정도 무기면 왜구를 무찌를 수 있겠어!
최무선은 화포를 이용하여 진포에서 왜구를 크게 무찔렀어.
최무선은 왜구를 물리칠 화약 무기를 만들기 위해 중국으로 건너가 배우기도 하고 제조법을 알고 있는 원나라 상인 이원을 초대하기도 했었지.

이성계가 활을 쏘아 왜장 아지발도의 투구 끝을 맞춘 까닭은?

고려 말 최무선의 활약으로 진포에서 배를 잃은 왜구들은 육지로 들어와 고려를 약탈했습니다. 이때 왜구를 지휘하던 장수는 '아지발도'로 화려한 갑옷과 튼튼한 투구를 쓰고 있어 아무리 화살을 쏘아도 끄떡없었어요. 왜구를 물리치러 간 이성계는 활솜씨가 신의 경지라 불리는 고려 장군이었습니다. 이성계가 아지발도를 향해 화살을 쏘았는데, 그 화살은 아지발도의 투구 꼭지를 맞추었지요. 그런데 이성계가 활을 잘못 쏜 것일까요? 아니면...

등장인물

최영

황금 보기를 돌같이 한 고려 말 용맹한 장군으로 이성계의 선배. 홍산 전투에서 왜구에 맞서 제일 앞에 서서 공격하다 입술에 화살을 맞았으나 계속 싸워 큰 승리를 거두었다.

이성계

홍건적, 여진, 원나라, 왜구를 가리지 않고 고려를 침략한 외적을 모조리 무찌른 고려의 영웅.

이지란

여진족 출신으로 이성계의 의형제이자 부하 장군.

아지발도

왜구를 지휘한 소년 장수. 말을 타고 창을 휘둘러 당할 자가 없었지만 이성계와 이지란의 화살 공격에 목숨을 잃었다.

최영 장군은 왜구와 싸우다 입술에 화살을 맞았지만 용감히 싸워 물리쳤어.
황산 대첩에서 고려군은 왜구 장수 아지발도의 활약으로 어려움을 겪었지만, 이성계와 이지란의 신기에 가까운 화살 공격으로 승리를 거두었어.
최영과 이성계는 북쪽에서 고려를 침략한 홍건적을 물리쳤어.
홍건적과 왜구를 격퇴하면서 인기가 높아진 이성계에게 정도전을 비롯한 많은 사람들이 찾아와 힘을 모았어.
우리 신진 사대부는 장군님과 함께 나라를 바로 세우겠습니다.

24 이성계가 위화도에서 군대를 돌린 까닭은?

임금과 최영 장군의 명령으로 요동을 공격하기 위해 나선 이성계는 압록강에 있는 섬 위화도에서 고민에 빠졌습니다. 지금 고려의 상황으로는 중국을 통일한 명나라를 공격하는 것이 불가능하다고 생각했기 때문이지요. 결국 이성계는 군대를 돌려 수도인 개경으로 돌아갔어요. 그런데 임금의 명령을 어긴 이성계는 벌을 받았을까요? 아니면...

주원장

명나라를 세워 중국을 통일한 황제. 고려에 철령 이북의 땅을 내놓으라고 요구했다.

이성계

우왕과 선배 최영이 명나라 공격을 지시하자 이에 반대했다. 결국 위화도에서 군사를 돌려 최영을 제거하고 우왕을 쫓아냈다.

창왕

우왕의 아들로 아홉 살에 왕이 되었지만 이성계에 의해 금방 쫓겨났다.

중국을 통일한 명나라 황제 주원장이 고려에 철령 이북 땅을 내놓으라고 요구했어.
개경으로 돌아온 이성계는 최영을 제거하고 우왕을 쫓아낸 후 창왕을 세웠어. 이성계는 최고 권력자가 되었지.
최영은 명나라의 요구를 받아들이지 않고 오히려 이성계에게 명나라의 요동을 공격하라고 명령을 내렸지.
위화도
안주
이성계는 명나라를 공격하면 안 되는 네 가지 이유를 들어 위화도에서 군사를 돌렸어.
개경
첫째, 작은 나라가 큰 나라를 치는 것은 불가능해. 둘째, 농사일이 바쁜 시기에 군사를 일으키는 것은 힘든 일이야. 셋째, 명나라와 싸울 때 왜구가 침략하면 어떡하지. 넷째, 장마철이라 활을 사용하기가 어렵고 전염병이 걱정이야.

25 문익점이 최초로 산업 스파이 누명을 쓴 까닭은?

원나라에 사신으로 간 문익점은 목화를 보고 겨울에 추위로 고생하는 고려 백성들을 떠올렸어요. 그는 목화 씨앗을 가지고 고려에 돌아와서 갖은 노력 끝에 목화 재배에 성공했습니다. 그 뒤 고려 백성들은 목화를 이용하여 따뜻한 옷과 솜이불을 만들어 겨울을 따뜻하게 보낼 수 있게 되었어요. 그런데 문익점은 목화 씨앗을 붓두껍에 넣어 몰래 가져왔을까요? 아니면...

문익점

목화 씨앗을 '주머니'에 넣어와 장인 정천익과 함께 3년 만에 목화 재배에 성공했다. 그 뒤 해마다 재배량을 늘려 백성들에게 나누어 주었을 뿐 아니라 솜에서 씨앗을 빼는 씨아와 실을 잣는 물레를 만들어 보급했다.

정천익

사위 문익점과 함께 목화 재배에 성공하여 고려 백성들이 따뜻한 겨울을 보내게 하는 데 큰 역할을 했다.

원나라에 사신으로 간 문익점은 목화를 보고 고려로 가져올 결심을 했어.
문익점은 목화솜에서 씨앗을 빼는 씨아와 실을 잣는 물레를 만들어 보급했어.
그래, 결심했어. 목화를 가져가자!
이 기계가 목화씨에서 솜을 빼는 씨아입니다. 이 물레를 이용하면 실을 편하게 뽑을 수 있습니다.
문익점은 원나라에서 가져온 씨앗을 이용하여 목화 재배에 성공했어.
이 모든 것이 장인어른의 노력 덕분입니다.
드디어 목화 재배에 성공했네!
저 분 덕분에 겨울을 따뜻하게 보낼 수 있게 되었어.

26

중국 사신이 고려청자를 보고 깜짝 놀란 까닭은?

청자는 파란색이 아니라 옥색을 띤 도자기를 말해요. 원래 청자는 중국에서 먼저 만들어졌지만 고려는 중국보다 더 아름다운 색깔의 청자를 만들었어요. 그리고 청자의 표면에 아름다운 무늬를 새기는 상감이라는 방법을 개발했습니다. 고려청자의 아름다운 색깔을 본 중국 사신은 신비롭고 아름답다고 감탄했지요. 그런데 중국 사신은 고려청자를 사갔을까요? 아니면…

등장인물

고려청자

고려 시대에 만들어진 푸른 빛을 띠는 도자기. 중국 사신이 '고려비색이 천하제일'이라고 칭찬했다.

나전 칠기

광채가 나는 전복 껍데기를 얇게 붙여 장식하는 공예 작품으로, 매우 화려하고 아름다운 것이 특징이다.

고려 불화

부처님 모습이나 불경 내용을 그린 그림. 고려 시대에 많이 제작되었으나, 현재 대부분 작품이 일본에 있다.

상감청자 만드는 방법
1. 청자 표면에 무늬를 새긴다.
2. 파낸 부분에 흙을 채운다.
3. 그늘에서 말린 후 가마에 넣고 굽는다.
4. 유약을 바른 후 다시 한 번 가마에 넣고 굽는다.
전복껍데기를 얇게 붙여 만든 화려한 나전 칠기는 중국과 일본에서도 인기가 높았어.
고려청자는 그 아름다운 색깔로 중국에서 인기가 높았어.
고려는 청자 표면에 무늬를 새기는 상감 기법을 개발했어.
부처님 모습을 그린 불화가 고려 시대에 많이 그려졌어.
글자를 몰라도 그림을 통해 부처님의 가르침을 알 수 있어!

27

태조 이성계가 한양으로 도읍을 옮긴 까닭은?

개경에서 왕위에 오른 이성계는 도읍을 옮기려고 했어요. 새로운 나라의 도읍지 후보가 된 곳은 계룡산, 한양 등이었습니다. 이성계는 직접 그 땅들을 둘러보았으며, 그중 한양을 선택했지요. 왜냐하면 한양은 한반도 중앙에 위치해 있고 평야가 넓었으며, 한강을 통한 교통이 편리했기 때문이에요. 그런데 신하들은 이성계의 결정에 찬성했을까요? 아니면...

등장인물

이성계

조선을 건국했으며, 개경에서 한양으로 도읍을 옮겼다. 이성계는 고려 마지막 왕인 공양왕에게 왕위를 물려받는 방식으로 왕이 되었기 때문에 옛 고려 신하들의 힘이 강한 개경을 떠나고자 했다.

정도전

태조 이성계를 도와 조선을 건국하는 데 결정적인 역할을 한 신진 사대부. 한양을 유교 이념에 따라 설계했으며, 경복궁과 궁궐 속 건물들의 이름을 지었다.

수창궁
조선
이성계는 고려 공양왕으로부터 왕위를 물려받아 새 나라 조선을 건국했어.
태조 이성계를 도와 정도전은 유교 이념에 따라 수도 한양의 도시 계획을 세우고, 종묘와 사직, 경복궁, 도성 등을 건설했지.
훌륭하군!
유교 이념에 따라 한양을 설계했습니다.
나라 이름을 '조선'이라고 정한다!
정도전은 경복궁과 건물의 이름, 그리고 한양의 사대문 이름도 지었어.
태조 이성계는 한양을 조선의 새로운 도읍으로 정했지.
사직단
경복궁
종도
종각

28

이방원이 형에게 왕의 자리를 양보한 까닭은?

태조 이성계의 다섯째 아들인 방원은 조선 건국에 큰 공을 세웠어요. 그래서 다음 왕은 자신이 될 것이라고 생각했지요. 그런데 이복동생인 방석이 세자가 되자 불만을 가졌습니다. 게다가 태조 이성계와 정도전이 자신의 군대를 뺏으려 하자 정도전과 동생인 방석을 없앴어요. 그리고 둘째 형 방과에게 왕위를 양보했습니다. 그런데 왕이 된 둘째 형 정종은 죽을 때까지 왕을 할 수 있었을까요? 아니면…

등장인물

이방원

왕이 되고 싶은 큰 야망이 있었던 왕자. 두 차례 왕자의 난을 통해 형제들을 제치고 조선 3대 왕이 되었다.

이방석

태조가 아낀 막내아들. 11살 어린 나이로 조선 최초의 세자가 되었으나, 형 방원에 의해 최후를 맞이했다.

정종

태조의 둘째 아들. 방원의 양보로 조선 2대 왕이 되었지만 2년 만에 동생 방원에게 왕위를 물려주고 마음 편히 행복하게 살았다.

태조는 자신이 사랑하는 막내아들 방석을 세자로 임명했어. 그러자 형들이 불만을 가졌지.
방원은 군사를 일으켜 세자 방석과 정도전을 제거하고 아버지를 왕위에서 물러나게 했어.
방원은 형을 왕위에 앉혔지. 왕이 된 정종은 방원 눈치를 보며 정치에 거의 참여하지 않고 매일 격구를 즐기며 놀았어.
형, 고마워! 하하하
나보다 네가 훨씬 더 조선을 잘 다스릴 수 있을 거야.
정종은 2년 만에 동생 방원에게 왕위를 물려주었어.
王

29

세계 지도에서 조선이 일본이나 아프리카보다 더 크게 그려진 까닭은?

조선 초기에 제작된 '혼일강리역대국도지도'는 우리나라에서 그려진 최초의 세계 지도 에요. 이 지도에는 유럽과 아프리카의 상세한 지명도 나타나 있어요. 또 조선이 일본보 다 몇 배나 크고, 심지어 아프리카나 유럽만큼 크게 그려져 있습니다. 그런데 이 지도를 그린 사람은 조선이 아프리카나 유럽만큼 크다고 생각했을까요? 아니면…

등장인물

혼일강리역대국도지도

조선 태종 때 김사형 등이 제작한 세계 지도, 현재 전해지는 동양 최초의 세계 지도 이며, 중국과 조선이 크게 묘사되어 있다.

동국지도

조선 세조 9년, 정척과 양성지가 왕의 명령 에 따라 만든 우리나라 지도, 바퀴와 맞물린 톱니바퀴를 이용하여 거리를 재는 기리고차 를 사용, 실제 거리를 측량하여 제작했다.

만리장성
한반도
중국
일본
인도
사하라 사막
아프리카
동남아시아
이 지도에는 중국 다음으로 조선이 크게 그려져 있어.
일본보다 조선을 훨씬 크게 그린 이유는 조선을 문명이
발달한 나라라고 생각했기 때문이야.
지도를 보면 문 밖에 나가지 않아도
천하를 알 수 있어. 지도 제작은
나라를 다스리는 데 꼭 필요해.
국보 제 248호인 '조선방역지도'야.
대마도가 조선의 영역으로 표시
되어 있지.
거리에 따라 북을 치는 인형으로
거리를 측정하는 기리고차를 사용
하여 과학적으로 지도를 만들었어.
'혼일강리역대국도지도'는 중국을 비롯한
여러 나라 지도를 참고하여 그린 우리나라
에서 가장 오래된 세계 지도야.

30 실록을 기록하는 사관이 왕의 명령을 어긴 까닭은?

조선 태종 때의 일이에요. 어느 날 태종이 사냥을 갔다가 말에서 떨어졌어요. 태종은 역사를 기록하는 사관에게 이 사실을 알리지 말라고 했습니다. 하지만 사관은 '왕께서 말에 떨어진 것을 사관에게 말하지 말라고 하셨다.'까지 실록에 기록했어요. 이렇게 조선의 역사책인 실록은 임금이 함부로 볼 수 없었고, 고칠 수도 없었지요. 그런데 태종은 사관이 이렇게 기록한 것을 몰랐을까요? 아니면…

등장인물

태종

조선 3대 왕으로 사냥을 좋아했다. 사냥을 하다 말에서 떨어진 것을 사관에게 알리지 말라고 한 것으로 보아 자존심도 무척 강했던 것으로 보인다.

사관

왕이 하는 말과 행동을 기록하는 관리. 있는 그대로의 사실을 꾸밈없이 기록해야 했기에 권력 앞에 맞서는 용기도 필요했다.

코끼리

일본 국왕이 조선에 선물한 동물. 실록에 의하면 너무 많이 먹어서 한 곳에 머무르지 못하고 여러 지역에서 번갈아 가며 키웠다고 한다.

세종

조선 4대 왕. 아버지 태종의 실록을 보려고 하다가 신하들의 반대에 부딪쳤다. 신하들의 반대를 받아들여 실록을 보지 않은 합리적인 임금.

태종이 사냥을 하다 말에서 떨어졌어. 그 사실이 기록될 것을 부끄럽게 여긴 태종은 사관에게 알리지 말라고 했지.
아버지 태종의 실록을 읽어보고 참고하는 것은 어떨까?
절대 반대입니다. 임금님이 보시면 사관이 임금님의 잘잘못을 제대로 기록할 수가 없게 됩니다.
왕이 알리지 말라고 하셨다.
세종이 아버지 태종의 실록을 읽어보려 했지만 신하들의 반대로 읽지 못했어.
사관은 태종이 말에서 떨어진 사실뿐 아니라 왕이 알리지 말라고 했다는 말 까지 기록했어.
"조선왕조실록"에는 국왕의 행동이나 말, 주요 사건, 관리들의 평가 등 다양 한 사실이 기록되어 있어.
오늘 일본 왕이 코끼리를 바쳤다. 왕이 콩을 먹여 잘 기르라고 하셨다.

31 태종이 전국을 8도로 나누고 모든 지방에 수령을 파견한 까닭은?

고려 시대에는 일부 지방에만 수령을 보내 다스렸지만 그 수령의 힘은 크지 않았습니다. 대부분 지방은 그 지방 세력들이 다스렸지요. 하지만 태종은 전국을 평안도, 함경도, 황해도, 강원도, 경기도, 충청도, 전라도, 경상도의 8도로 나누고 다시 350개 지역으로 나눈 다음 모든 지방에 수령을 파견했어요. 지방 수령은 자기 지역에서 군사를 지휘하고, 재판하고, 세금을 거둬들이고, 교육을 장려하는 등 아주 큰 권한을 가졌지요. 그런데 태종이 수령 한 명에게 이렇게 막강한 권력을 준 것은 여러 명을 채용하기 귀찮아서였을까요? 아니면…

등장인물

태종

조선 3대 왕. 전국을 8도로 나누는 등 여러 가지 정책을 추진하여 왕권을 강화했다.

관찰사

8도에 파견되어 자신이 책임진 도의 모든 지방을 돌아다니며 수령의 업무를 평가하고, 백성들의 생활을 살피는 관리. 지방 수령을 감시해 잘하면 상을 주고 잘못하면 벌을 주었다.

함흥+경성
함경도
평양+안주
평안도
황주+해주
황해도
강릉+원주
강원도
한성(서울)주원
경기도
충주+청주
충청도
경주+상주
경상도
전주+나주
전라도
전국을 8개 지역으로 나누었는데, 오늘날의 지역 이름이 이때 만들어졌어.
조선은 모든 지방에 수령을 보내 직접 다스렸어. 그래서 지방 세력의 힘을 줄이고 왕의 힘을 크게 했지.
지방에 파견된 수령은 군사를 지휘하고, 세금을 거두어들였어. 또 교육과 농업을 장려하는 등 큰 권한을 가졌지.
수령의 업무를 평가하기 위해 관찰사가 파견되었지. 관찰사는 자신이 책임진 모든 지방을 돌아다니며 백성들의 생활을 살폈어.
앞으로 갓!
충성!
너의 죄를 모두 사실대로 말하거라!
함흥

32

신문고를 두드려 억울함을 호소한 노비가 벌을 받은 까닭은?

태종은 궁궐 밖에 북을 설치하여 백성들이 억울함을 직접 왕에게 알릴 수 있는 신문고 제도를 실시했어요. 신문고는 글을 모르는 백성도 사용할 수 있는 제도였지만, 아무나 쉽게 사용할 수 없었다고 해요. 신문고를 두드리기 전 절차도 복잡했고, 노비가 주인을 고발하는 일, 낮은 계급의 관리가 윗사람을 고발하는 일, 백성이 관리를 고발하는 일로 는 신문고를 두드릴 수 없었습니다. 그런데 신문고를 가장 많이 두드린 사람들은 신분이 낮은 백성들이었을까요? 아니면…

등장인물

태종
신문고를 설치하고, 만 16세 이상의 남자들에게 호패를 주어 차고 다니게 한 왕. 가짜 호패를 만들어 군대를 가지 않거나 세금을 적게 내려는 사람에게는 큰 벌을 주었다.

노비
주인의 재산으로 취급되어 죽도록 일만 하는 사람들. 주인에게 억울한 일을 당해서 신문고를 두드렸지만 오히려 벌을 받았다.

만 16세 남자들은 모두 호패를 가지고 다니게 했는데, 호패에는 이름이나 관직, 거주지 등 다양한 정보를 담았어.
호패
신문고를 두드릴 수 있는 조건이 까다로워서 신문고를 울리는 대부분의 사람은 양반이었어.
호패를 통해 세금을 낼 수 있는 사람, 군인으로 뽑을 수 있는 사람 수를 파악할 수 있어서 국가 운영에 중요한 자료가 되었지.
수 령
관 찰 사
사 헌 부
관 아
억울한 일을 당한 것도 분한데, 신문고를 두드리는 과정이 너무 어려운 것도 억울해.
주인을 고발한 저놈을 당장 체포하라!

33

조선이 여진, 일본과 싸우면서도 무역을 한 까닭은?

조선 세종 때의 일이에요. 북방의 여진족이 백성들을 괴롭히자 김종서와 최윤덕을 시켜 여진을 정벌하고 4군 6진을 개척하여 영토까지 넓혔습니다. 또 남쪽의 왜구를 토벌하기 위해 이종무를 시켜 대마도를 정벌하기도 했어요. 하지만 싸움만 한 것은 아니에요. 여진과 무역을 하기 위해 무역소를 설치했고, 일본과도 부산 등의 항구를 열어 무역을 했습니다. 그런데 제일 큰 나라인 명나라와도 싸웠을까요? 아니면...

등장인물

세종

조선 4대 왕. 평소에는 여진, 일본 등 이웃나라와 서로 교류하며 친하게 지냈다. 하지만 이웃나라들이 국경을 침입해 백성들의 생명과 재산을 빼앗았을 때는 군대를 동원하여 물리쳤다.

이종무

조선 장군. 군함 200척을 거느리고 대마도를 공격해 왜구를 물리쳤으며, 붙잡혀 있던 포로를 구해 왔다.

김종서

조선 장군. 10여 년 동안 두만강 유역의 여진족을 정벌하고 6진을 설치해 영토를 넓혔다. 하지만 문과에 급제한 문인으로 세종이 "고려사"를 고쳐 쓸 때 책임자로 임명할 만큼 학문이 깊었다.

조선은 평소에는 여진, 일본과 친한 관계를 유지했어. 무역소를 설치하여 여진과 서로 필요한 물품을 주고받았고, 일본과는 항구를 열어 무역을 했지.
함께 친하게 지내야지. 필요한 물품을 서로 나눌 수 있도록 무역을 허락하노라!
세종은 김종서와 최윤덕으로 하여금 여진족을 몰아내고 압록강과 두만강 지역의 영토를 넓히도록 했어.
가장 큰 나라인 명나라와는 서로 다투지 않고 사신을 보냈어. 이때 특산품인 인삼, 모시, 화문석 등을 조공(선물)으로 바치고, 조선이 필요로 하는 책, 도자기, 비단 등을 선물로 받았어.
백두산
조선
이덕무를 시켜 왜구 소굴이었던 대마도를 정벌하여 왜구의 피해를 줄였지.

34

성균관 학생들이 무료로 주는 밥을 거부한 까닭은?

조선 시대 최고 교육 기관은 성균관이었습니다. 성균관의 학비, 기숙사비, 식비 등 모든 비용은 국가가 부담했어요. 또 성균관 학생들에게는 과거 시험을 볼 수 있는 자격이 주어졌지요. 그런데 시험을 치려면 생활 태도 점수 300점을 얻어야 했어요. 점수는 아침과 저녁 식사를 했을 때 1점씩을 받았답니다. 학문을 정진하는 태도에 있어 성실함을 요구한 것이에요. 어느 날 성균관 학생들이 왕에게 올린 상소가 받아들여지지 않자 밥 먹기를 거부했어요. 그런데 이들은 과거에 합격하고 싶지 않아서 거부한 것일까요? 아니면…

등장인물

성균관 학생

과거를 준비하면서 성균관에서 유학을 공부하는 학생. 세종이 부처를 모시는 불당을 세운다는 소식을 듣고 왕이 잘못된 일을 한다고 생각하여 상소를 올리거나 수업을 받지 않는 등의 행동으로 왕에게 자신의 의견을 전달했다.

세종

불당을 궁궐 안에 세우려고 하다가 많은 사람들의 반대에 부딪쳤다. 성균관 학생들이 수업을 거부하고 집으로 돌아가자 정승 황희를 보내 설득했다.

성균관 학생들은 아침과 저녁에 밥을 먹을 때마다 출석부에 기록해서 점수를 받았어.
세종이 부처님을 모시는 불당을 궁궐 안에 만든다는 소식을 듣고 성균관 학생들이 반대한 일도 있었지.
오늘 아침에 늦잠을 자서 밥을 먹지 못했으니 점수를 얻을 수 없게 됐어.
왕이 옳지 않은 일을 한다고 생각했을 때 성균관 학생들은 식당에 들어가는 것을 거부하는 등 다양한 행동을 통해 자신들의 의견을 전달했지.
임금님께서 부처를 모시는 불당을 짓는다는 고집을 꺾지 않으시니 수업을 거부하고 모두 집으로 돌아가세.
임금님께 상소를 해도 생각을 바꾸지 않으시니 더 강력한 행동을 해야겠어.
꼬르르륵
꼬르륵
꼬르르륵
향교
서울뿐 아니라 지방에는 향교가 설치 되어 학생들이 유학을 공부했어.

35 왕이 직접 농사를 지은 까닭은?

조선에서는 농업이 가장 중요한 산업이었어요. 그래서 농사가 시작되는 봄이 되면 왕은 토지 신과 농업 신에게 제사를 지낸 다음 직접 밭으로 나가서 소가 끄는 쟁기를 잡고 밭을 가는 행사를 했습니다. 행사가 끝난 다음 소를 잡아 국을 끓여서 백성들과 함께 음식을 나누어 먹었어요. 그런데 왕은 이날 하루만 농사를 지었을까요? 아니면…

등장인물

세종

백성들을 위해 실제 생활에서 필요한 다양한 분야의 책을 쓰게 한 현명한 임금. 농업 분야에서는 "농사직설", 의학에서는 "향약집성방", 천문 분야에서는 "칠정산"을 쓰게 했다.

정초

세종의 명으로 "농사직설"을 지은 조선 관리. 전국을 다니며 백성들을 만나 그들의 농사 기술을 조사했다.

우리나라와 중국은 기후와 땅이 달랐어. 그래서 세종은 우리나라에 맞는 농사짓는 방법이 적힌 책을 만들라고 지시했지.
세종은 우리 땅에서 나는 약초를 가지고 치료하는 법을 모아서 "향약집성방"을 만들게 했어.
중국 약재가 비싸서 구하기 어려우니 이를 대신할 수 있는 우리 약재와 치료법을 찾도록 하라.
관리들이 전국의 경험 많은 농민들로부터 여러 작물의 재배법을 모으고, 이것을 바탕으로 정초가 "농사직설"을 썼어.
농사직설
다른 밭에 비해 이 밭은 수확량이 많군요. 그 방법은 무엇이오?
우리나라 땅과 기후에 맞게 농사 짓는 방법을 책으로 만들어서 전국에 보급했더니 생산량이 늘었습니다.
왕들은 해마다 봄이 되면 제사를 지내고 직접 농사를 지어 농업의 중요성을 알렸어.

문종이 세자 시절 비가 올 때마다 궁궐 곳곳에 구덩이를 판 까닭은?

세종의 아들 문종이 왕위에 오르기 전 세자 시절의 일이에요. 문종은 비가 올 때마다 구덩이를 파고 흙의 젖은 깊이를 보고 비의 양을 재어보려고 했어요. 농사는 그 해 비의 양에 따라 큰 영향을 받기 때문이었습니다. 하지만 이 방법으로는 정확한 비의 양을 잴 수 없었어요. 그래서 문종은 구리 그릇을 궁궐 곳곳에 두어 빗물을 받아 그 양을 측정함으로써 한 해 동안 내리는 비의 양을 좀 더 정확하게 알 수 있게 되었지요. 그런데 문종은 자기가 팠던 구덩이를 직접 메꾸었을까요? 아니면...

등장인물

문종

조선 5대 왕. 세자 시절 측우기를 발명하고, 무기에도 관심이 많아 최신 무기인 신기전과 화차를 개발한 발명왕.

세종

농사를 짓는 사람들이 내는 세금을 합리적으로 바꾸기 위해 노력했다. 새로운 세금 제도를 실시하기 전에 백성 17만 명에게 여론 조사를 하고 의견을 들어 결정할 만큼 신중한 성격의 소유자.

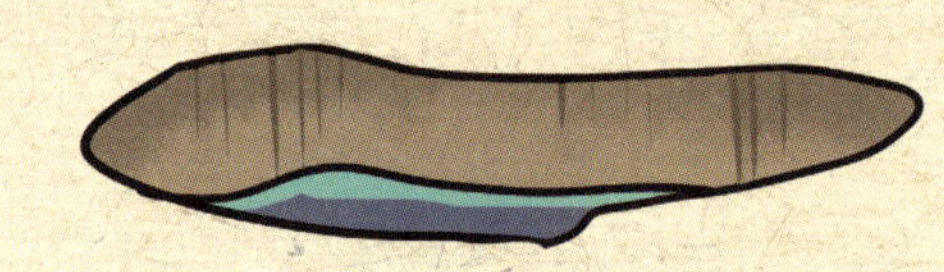

비가 오는 양을 정확히 재보려고 하는 것이니라.
저하, 비만 오면 웬 삽질이십니까?
세종은 측우기로 수십 년 동안 강우량을 측정하고 기록하여 홍수나 가뭄에 대비했어.
올해는 비가 적게 와서 흉년이니 세금을 적게 걷도록 하여라.
구리 그릇에 물을 받아 재니 간편하고 정확하게 비의 양을 잴 수 있구나!
측우기
세종은 풍년이냐 흉년이냐에 따라 세금을 다르게 걷는 제도를 만들었어. 풍흉을 판단하는 기준 중 하나가 측우기로 측정한 비의 양이었지.

37 세종이 다양한 시계를 만든 까닭은?

조선 세종 때는 장영실, 이순지 등 유능한 과학자들의 노력으로 과학 기술이 크게 발전했습니다. 태양의 움직임으로 나타나는 그림자 위치로 시간을 알 수 있는 다양한 해시계를 만들었어요. 또 물의 흐름을 이용하여 시간을 재는 물시계도 만들었지요. 때마다 변하는 별의 위치를 관찰하여 시간을 알 수 있는 혼천의도 이때 만들어졌어요. 그런데 세종이 시계를 수집하던 취미가 있어서 이렇게 많은 종류의 시계를 만든 것일까요? 아니면…

등장인물

장영실

천한 노비 출신이었지만 세종의 지원을 받아 중국 유학까지 다녀온 과학자. 세종의 명에 따라 자격루, 혼천의, 앙부일구 등의 시계를 비롯해 많은 과학 기구를 만들었다.

이순지

조선 시대 천문학자이자 수학자. 중국 달력이 우리나라 시간과 맞지 않아 조선에 맞는 달력을 개발했다. 지구가 태양을 도는 데 걸리는 시간을 365일 5시간 48분 45초라고 계산했는데, 현대 천문학의 계산과 1초밖에 차이가 나지 않을 만큼 정확했다.

자격루는 물의 힘을 이용해 인형이 종, 북, 징을 쳐서 자동으로 시간을 알려주는 물시계야.
해, 달, 별의 움직임을 관찰하는 기구인 혼천의와 간의를 만들어 계절의 변화를 기록했어.
천문 지식을 바탕으로 조선의 시간에 맞는 달력을 만들었어. 이 달력은 농민들이 시기에 맞게 농사를 짓는 데 도움을 주었지.
세종은 사람들이 많이 다니는 혜정교와 종묘 남쪽 거리에 앙부일구라는 해시계를 설치해서 백성들이 시각을 알 수 있게 했어.
임금님이 해시계를 설치하셨어. 글을 모르는 우리도 시각을 볼 수 있도록 시각을 동물로 표시하셨대.
달력
이 달력 덕분에 언제 씨를 뿌리고, 언제 수확을 해야 할지 알게 되어 농사짓기가 아주 쉽구먼.

38

신하들이 훈민정음을 만드는 것을 반대한 까닭은?

세종은 백성들이 글자를 몰라 생활에 어려움을 겪는 것을 안타까워했어요. 그래서 훈민정음을 만들어 백성들이 쉽게 글을 읽고 쓸 수 있도록 했지요. 백성들과 양반 집안의 여성들은 훈민정음을 이용하여 쉽게 자신의 생각을 나타내고 책을 통해 지식을 익혔습니다. 하지만 많은 신하들은 세종이 훈민정음을 만드는 것을 반대했고, 만들어진 이후에도 잘 사용하지 않았어요. 그런데 훈민정음에는 우리가 모르는 큰 단점이 있었던 것일까요? 아니면...

등장인물

세종

'백성들을 가르치는 바른 소리'라는 뜻의 훈민정음을 만들었다. 많은 신하들이 반대했지만 백성들을 위한 글을 만들겠다는 뜻을 굽히지 않은 뚝심의 소유자.

최만리

조선 시대 정치가이자 집현전 학자. 문화 수준이 높은 중국의 한자가 있는데 따로 우리 글자를 쓰는 것은 스스로 수준 낮은 오랑캐가 되는 것이라며 훈민정음 보급을 반대했다.

무슨 소리, 이렇게 자네가 빌렸다고 한자로 적혀 있지 않은가? 자네 손으로 여기에 표시까지 했는데? ㅎㅎㅎ
백성들이 어려운 한자를 몰라 어려움을 겪는 일이 많았어.
집현전
저는 그렇게 많은 돈을 빌린 적이 없습니다.
훈민정음을 사용하기 쉽게 풀어 쓴 해례본을 만들었습니다.
세종은 백성들을 위해 훈민정음을 만들어 널리 보급하려고 했으나, 많은 신하들이 반대했어.
이번에 훈민정음으로 만든 용비어천가입니다.
세종이 훈민정음을 보급할 수 있었던 것은 집현전에 속한 많은 학자들의 도움이 있었기 때문이야. 집현전은 '지혜로운 학자들이 모인 집'이라는 뜻이거든.
훈민정음
훈민정음 덕분에 백성은 자신의 생각을 글로 나타낼 수 있게 되었어. 또 한글로 쓴 책을 통해 다양한 지식도 얻을 수 있게 되었지.

39

성삼문이 2년 치 봉급을 한 푼도 쓰지 않은 까닭은?

성삼문은 세조가 어린 조카인 단종을 몰아내고 왕위에 오르는 것에 반대하다 목숨을 잃은 충신입니다. 그가 관직에 있을 때의 일이에요. 성삼문의 집 창고에는 쌀이 가득 차 있었어요. 세조가 왕위에 오른 후 2년 동안 봉급으로 받았던 쌀을 한 톨도 쓰지 않고 모은 것입니다. 그의 방에는 가구나 이불도 없이 짚으로 짠 거적 한 장만 있었어요. 그런데 그는 조선 최고 구두쇠였을까요? 아니면…

등장인물

단종

조선 6대 왕. 11살 어린 나이에 왕이 되었지만 삼촌인 수양 대군에 의해 왕위에서 쫓겨나 영월에서 죽임을 당했다.

세조

조선 7대 왕. 조카 단종을 쫓아내고 왕위에 오른 피도 눈물도 없는 임금. 왕의 권력을 강화하는 여러 정책을 펼쳤다.

성삼문

조선 정치가이자 집현전에서 학문을 연구한 학자. 쫓겨난 단종을 다시 왕위에 올리려다 죽임을 당한 여섯 명의 신하 중 한 명이다.

어린 임금이 나랏일을 잘 모르시니 우리가 잘 모십시다.
단종은 11살 어린 나이에 조선 6대 왕이 되었어.
단종에 대한 의리를 지키려고 한 몇 명의 신하들이 세조를 몰아내고 다시 단종을 왕의 자리에 앉히려는 계획을 세웠지.
세조를 몰아내려는 계획이 들키고, 여섯 명의 신하들은 심한 고문을 받고, 죽임을 당했어.
너희는 내가 준 봉급을 받았으면서 나를 왕위에서 쫓아내려고 하다니 배신자들이다!
나리야말로 단종을 배신한 배신자요! 나리가 준 봉급은 한 톨도 쓰지 않았으니 확인해보시오!
수양 대군은 어린 조카 단종을 쫓아내고 자신이 왕이 되었어.

40 딸이 시집을 가지 않았는데 아버지가 벌을 받은 까닭은?

"경국대전"은 조선 최고의 법전입니다. 이 법전을 보면 조선이 어떻게 다스려졌는지, 백성들의 생활은 어떠했는지를 알 수 있어요. "경국대전" 속에는 흥미로운 규정도 많이 있습니다. 관리의 딸이 서른 살이 다 되어도 가난해서 혼인을 못하면 나라에서 비용을 대 주는 규정도 있어요. 형편이 넉넉한데도 서른 살이 넘은 딸을 시집보내지 않은 관리는 큰 벌을 받았다고 합니다. 그런데 서른 살이 넘어도 혼인을 하지 않은 아들이 있다면 그 관리는 벌을 받았을까요? 아니면…

등장인물

세조

조카인 단종을 쫓아내고 왕이 되었다. 강력한 왕권을 바탕으로 조선을 다스리기 위해 여러 법전을 정리하여 "경국대전"을 만들도록 했다.

성종

조선 9대 왕. 할아버지 세조의 뜻을 이어 조선의 기본 법전인 "경국대전"을 완성했다. 이밖에도 "국조오례의", "악학궤범" 등 많은 책을 펴내 교육과 문화를 발전시켰다.

"경국대전"은 세조의 명령으로 만들기 시작해 성종 때 완성된 법전이야. "경국대전"은 나라를 다스리는 크고 중요한 법이라는 뜻이지.
집이나 땅을 샀다면 관청에 100일 안에 반드시 신고를 해야 된대.
"경국대전" 혼인 규정에는 딸이 서른 살이 되어도 혼인시키지 않은 관리는 큰 벌을 받는다는 내용이 있어.
아니, 우리 딸이 눈이 높아서 박보검이 아니면 결혼을 안 한다니 어떡하란 말이오.
"경국대전"에는 나쁜 일을 저질러 쫓겨난 관리의 후손은 과거 시험을 볼 수 없다는 규정이 있어.
경국대전
당신의 할아버지의 할아버지가 관직에 있을 때 세금을 몰래 가져다 쓰다 걸려 쫓겨났기 때문에 당신은 과거에 응시할 수 없소.

41 수박 때문에 왕과 신하가 다툰 까닭은?

조선 시대에 수박은 무척이나 귀한 과일이었어요. 연산군은 과일을 좋아해서 중국으로 사신을 보내며 중국에서 수박을 포함한 여러 가지 과일을 사 오라고 했습니다. 그러자 관리 김천령은 "중국의 수박과 우리나라의 수박이 다르지 않고, 가져오는 동안 상해서 먹지 못할 것입니다."라며 반대를 했어요. 그런데 신하들의 바른 말을 잘 듣지 않고 자기 마음대로 나라를 다스렸던 연산군은 김천령에게 벌을 내렸을까요? 아니면…

등장인물

연산군

사냥과 사치를 즐긴 조선 10대 왕. 바른 말을 하는 신하들을 모조리 쫓아냈으며, 세금을 많이 걷어 백성들을 힘들게 했다. 결국 신하들에 의해 왕의 자리에서 쫓겨나 강화도에서 죽었다.

김천령

연산군 때 과거에 장원으로 급제한 조선의 문신. 항상 바른 말을 하는 강직한 신하. 병으로 35세 젊은 나이에 죽었다. 그런데 연산군이 수박을 먹지 못하게 한 원한으로 무덤에서 시체를 끄집어내어 목을 베었다.

중종

연산군의 배다른 동생으로 조선 11대 왕. 연산군을 쫓아낸 신하들이 그를 왕의 자리에 앉혔다.

연산군은 나랏일을 보살피는 것보다는 매일 술판을 벌이고 흥청망청 놀았어.
연산군은 어머니가 사약을 받고 죽었다는 사실을 알게 된 후 어머니 죽음과 관련된 많은 신하들을 쫓아내거나 죽였어.
사신으로 다녀오는 길에 중국 수박을 사 오거라!
안 됩니다. 돈만 낭비하는 일입니다.
왕이 왕답지 못하면 쫓겨나는 것이 당연하지.
연산군은 결국 신하들에 의해 왕위에서 쫓겨나고, 동생인 중종이 왕의 자리에 올랐지.
감히 왕인 나를 쫓아내다니….

42 벌레가 나뭇잎에 글자를 새긴 까닭은?

조선 중종 때의 일입니다. 한 신하가 '주초위왕'이라고 새겨진 나뭇잎을 왕에게 가져왔어요. 신하들은 '주초위왕'이 '조'씨 성을 가진 사람이 왕이 된다는 뜻이므로, 조광조가 반란을 일으킬 것을 하늘이 미리 알려준 것이라고 말했어요. 하지만 중종의 사랑을 받으며 정치를 주도한 조광조를 미워한 신하들이 꾸민 가짜 뉴스였습니다. 나뭇잎에 꿀로 글씨를 써놓고 벌레들이 갉아먹게 한 것이라고 해요. 결국 조광조는 관직에서 쫓겨나 사약을 먹고 죽게 됩니다. 그런데 정말 벌레들이 꿀을 따라 나뭇잎을 갉아먹었을까요? 아니면…

등장인물

중종

연산군을 쫓아내고 왕이 되었다. 개혁을 펼치고자 했던 조광조를 아껴서 그를 초고속 승진시켰지만 신하들이 만든 가짜 뉴스에 속아 조광조를 역적이라는 누명을 씌워 죽였다.

조광조

백성들을 위한 정치를 펼친 조선의 학자이자 관리. 강직한 성격으로 여러 가지 개혁을 추진했지만 그를 미워한 세력들에 의해 역적으로 몰려 죽었다.

조광조는 중종에게 나라를 올바르게 다스릴 여러 가지 정책을 제시했어.
조광조를 쫓아내기 위해 반대 세력들은 조광조가 왕이 되려 한다고 중종에게 거짓말을 했어.
실제 실험 결과 벌레들은 꿀을 바른 나뭇잎을 갉아 먹지 않았어. 주초위왕은 가짜 뉴스로 판정!
추천을 통해 뛰어난 인재를 뽑아야 합니다. 백성들을 위한 정치를 펼치셔야 합니다.
공을 세우지 않고 상을 받은 신하들은 상을 빼앗아야 합니다.
저놈이 우리가 받은 상을 뺏으려 하다니, 가만둘 수 없다.
백성들을 위한 정치를 펼치려 했던 조광조는 사약을 받고 죽고 말았지.
밝은 해가 이 세상을 비추듯 나라 사랑하는 나의 마음은 언젠가 드러나게 될 것이다.
조광조의 개혁 때문에 손해를 보게 된 신하들은 조광조를 미워했어.
개혁

백운동 서원 사람들이 왕이 준 현판을 받고 좋아한 까닭은?

서원은 양반 집안 젊은이들이 공부도 하고, 공자를 비롯한 유명한 학자들에게 제사도 지내는 사립 학교입니다. 우리나라 최초의 서원은 풍기군수 주세붕이 세운 백운동 서원이에요. 이후 풍기군수로 왔던 이황이 서원에 여러 가지 지원을 해 줄 것을 명종에게 요청했어요. 명종은 직접 글씨를 쓴 소수 서원이라는 현판을 내리고 노비와 책, 땅도 주었습니다. 또 내려준 땅에 대해서 세금도 받지 않았다고 해요. 그런데 나라에 돈이 많아서 이렇게 많은 특혜를 준 것일까요? 아니면…

등장인물

명종

중종의 둘째 아들이자 조선 13대 왕. 이황의 건의를 받아들여 젊은이들이 열심히 공부할 수 있도록 소수 서원에 많은 지원을 했다. 소수 서원에서 '소수'는 '무너진 유학을 다시 잇는다.'라는 뜻이다.

주세붕

조선 시대 학자이자 관리. 풍기군수로 있으면서 유학자 안향을 모시는 백운동 서원을 만들어 학생들을 교육하는 데 힘썼다.

서원은 선비들이 지방에 만든 사립 학교로 학생들에게 유학을 가르쳤어.
서원에서는 공자를 비롯한 유명한 학자들을 위한 제사도 지냈지.
공자님께서 말씀하시길….
몸을 닦고 예의를 다하는 것이 공부의 첫걸음이라고 하셨다구요. 두 번만 더 들으면 100번이에요.
명종은 이황의 요청으로 백운동 서원에 소수 서원이라는 현판과 노비, 책, 땅을 주었어. 이후 많은 서원들이 생겨났지.
우리나라 최초의 서원은 풍기군수 주세붕이 세운 백운동 서원이야.
소수서원

백성들이 도적 임꺽정을 숨겨준 까닭은?

도둑은 남의 물건을 훔치거나 빼앗는 나쁜 사람을 말합니다. 임꺽정은 명종이 직접 잡아 오라고 명령을 내릴 정도로 유명한 도둑이었어요. 임꺽정을 잡은 사람에게는 많은 상금을 준다고 말할 정도였지요. 하지만 군사들이 임꺽정을 잡는 데는 3년이 넘는 시간이 걸렸어요. 백성들이 임꺽정을 도와주거나 숨겨주었기 때문이에요. 그런데 백성들이 임꺽정을 도운 것은 그가 해칠까봐 무서워서였을까요? 아니면...

등장인물

탐관오리

세상에서 제일 나쁜 오리. 나라와 백성을 위해 일해야 할 공무원인데 오히려 자신의 지위를 이용하여 백성들의 재산을 빼앗아 부자가 되었다. 임꺽정이 자신의 재산을 뺏을까 봐 걱정이 태산.

임꺽정

경기도 북부 출신의 천민으로 도둑이 되었다. 부자들의 재산을 빼앗아 가난한 백성들에게 나누어주었기 때문에 의적(착한 일을 하는 도적)으로 불리었다.

탐관오리들이 욕심을 부려 백성들 재산을 함부로 빼앗자 백성들은 점점 살기 힘들어졌어.
나라에서는 현상금을 걸고, 군사를 보내 임꺽정을 잡으려 했지만 백성들이 임꺽정을 도와줘 잡히지 않았어.
임꺽정은 탐관오리의 집과 억울한 백성들이 갇힌 관청을 습격하여 그들 재산을 빼앗아 가난한 사람에게 나누어주었지.
악질 도둑 임꺽정을 본 사람 있는가?
소문만 들었지, 한 번도 본 적이 없습니다.
알고 있지만, 절대 말해 줄 수 없지.
3년이 넘도록 활약했지만 결국 임꺽정은 관군의 끈질긴 추적 끝에 잡혀 최후를 맞이했어.
탐관오리들의 괴롭힘이 없어지지 않는 한 나와 같은 도둑은 계속 나타날 것이다.

45 이황이 70번이나 관직을 사양한 까닭은?

양반 집안 젊은이들의 꿈은 과거에 합격하여 관리가 되는 것이었어요. 하지만 과거 합격은 무척 어려운 일이었지요. 이황은 34세 때 과거에 합격하여 관리가 되었지만 관리 생활보다는 학문 연구에 더 관심이 많았어요. 그래서 10년의 관리 생활을 마치고 고향으로 내려갔습니다. 명종과 그 다음 임금이었던 선조는 20여 년 동안 이황에게 관리가 되어 나랏일을 도와달라고 부탁했어요. 하지만 이황은 무려 70번이나 왕의 부탁을 거절했다고 해요. 그런데 이황은 일하기 싫어 관직을 거절한 게으름뱅이였을까요? 아니면…

등장인물

명종

이황을 아끼고 존경한 조선 13대 왕. 이황이 거절하자 '현명한 학자를 불렀지만 오지 않음을 탄식함'이라는 제목의 시를 짓고, 이황의 모습을 그린 그림을 가까이 두는 것으로 만족했다.

선조

이황의 의견을 듣고자 했던 조선 14대 왕. 선조는 69세 할아버지가 된 이황에게 관직을 맡기려 했다. 이황이 죽자 3일간 나랏일을 멈추고 슬퍼했다.

이황

공부를 좋아했으며, 검소하고 부지런한 생활을 한 조선 시대 학자. 도산 서원을 세워 많은 제자를 길렀으며, "성학십도"를 써서 선조에게 바쳤다.

관직을 그만둔 이황은 고향인 안동으로 내려와 학문 연구와 학생 교육을 위해 도산 서원을 차렸어.
이황은 선조에게 '임금님이 훌륭한 사람이 되길 바라는 10가지 글과 그림'이라는 뜻의 "성학십도"를 써서 바쳤어.
성학십도
임금이 부지런하고 겸손하면 나랏일을 잘 돌볼 수 있습니다.
명종과 선조는 이황의 능력을 높게 평가하여 벼슬을 내렸으나 이황은 70번이나 거절했지.
이황은 항상 검소한 옷차림을 했고, 밥도 보리밥에 나물 반찬만 주로 먹었어.
병 때문에...
제자들을 가르쳐야 해서...
공부할 시간도 부족해서...
고기가 없으니 목구멍이 밥을 거부하네. 아이고.
백성들처럼 먹고 입어야 백성을 이해하는 정치를 할 수 있다오.

이이가 '시험의 달인'으로 불린 까닭은?

조선 시대 양반 집안 아이들은 5살 무렵이면 공부를 시작했습니다. 관리를 뽑는 과거에 합격하여 가문과 자신의 이름을 높이는 것이 공부 목표였어요. 그러나 평생 공부를 해 과거를 보아도 떨어지는 사람이 대부분이었지요. 이이는 과거 시험에서 아홉 번이나 1등을 했어요. 그런데 이이는 부잣집에서 태어나 비싼 과외를 받아서 공부를 잘했을까요? 아니면…

등장인물

이이

과거 시험에서 아홉 번이나 장원(1등)을 한 조선 시대 천재 학자. "동호문답", "성학집요" 등 많은 책을 썼다. 이이는 공부를 잘하는 비결로, ① 목표 세우기, ② 공부 습관 잘 들이기, ③ 책 많이 읽기, ④ 좋은 친구와 공부 얘기하기 등 실천하기 힘든 것만 이야기했다.

선조

조선 14대 왕. 이이의 말에 따라 공부하는 것을 힘들어 했다.

화석정
이이는 8살에 '화석정'이라는 시를 지어 가을 풍경을 노래할 정도로 똑똑했어.
멀리 보이는 물은 하늘에 잇닿아 푸르고, 서리 맞은 단풍은 해를 향해 붉구나! 아, 나의 감성이란...
교과서를 읽고 선생님의 말씀을 잘 들은 것이 전부라네.
이이는 선조에게 임금이 나라를 어떻게 다스려야 하는지에 대해 쓴 책인 "동호문답"을 바쳤어.
동호문답
아, 괴롭다. 이이가 매일 적고 있으니 농땡이도 못 피우겠네.
자네, 아홉 번이나 시험에서 1등을 한 비결이 뭔가?
이이는 남들은 평생 한 번도 하기 힘든 과거 시험 1등을 무려 아홉 번이나 했어.
경연은 임금과 신하들이 나랏일에 대해 토론하는 것을 말해. 이이는 명종에 이어 선조까지 17년 동안 경연을 하고 이것을 매일 일기로 썼지.

일본을 통일한 도요토미 히데요시가 조선을 침략했어요. 갑작스런 왜군의 침략에 조선군은 연달아 패배했습니다. 한양과 평양까지 왜군의 수중에 떨어지고 왕은 북쪽 끝 의주로 도망갔어요. 이때 백성들이 나라를 구하기 위해 의병이 되어 나섰습니다. 농민, 선비, 모든 생명을 소중히 여기는 스님까지 의병이 되어 목숨을 걸고 왜군과 싸워 곳곳에서 승리를 거두었어요. 그런데 군사 훈련도 받지 못했고, 무기도 좋지 않은 의병들이 승리를 거둔 까닭은 죽음을 두려워하지 않은 용기 때문일까요? 아니면...

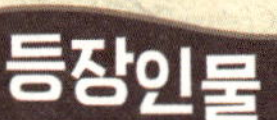

등장인물

도요토미 히데요시
일본을 통일한 원숭이 닮은 최고 권력자. 조선을 침략해 임진왜란을 일으켰다.

신립
뛰어난 무예를 지닌 조선 장군. 충주 탄금대에서 기병을 이용해 왜군과 용감히 싸웠으나 패배했다.

선조
임진왜란 당시 왜군이 몰려오자 의주까지 피란을 갔고, 왜군이 물러난 뒤에 쑥스러운 얼굴로 한양에 돌아왔다.

의병들(곽재우, 사명 대사, 김천일 등)
나라 사랑하는 마음과 굳은 용기를 가지고 자기 지역을 잘 알고 있던 장점을 살려 왜군을 물리쳤다.

평양성
주
선조는 북쪽 끝 의주까지 도망갔고, 전쟁이 일어난 지 겨우 두 달 만에 평양성까지 함락됐지.
내 고장은 내가 지킨다.
농민, 학자, 스님 등 많은 백성들이 내 고장을 지키기 위해 의병이 되어 왜군과 싸웠어.
쉬고 있는데 갑자기 나타나다니! 어디서 나올지 모르는 의병들이 무서워!
일본을 통일한 도요토미 히데요시가 20만 명의 군사를 보내 조선을 침략했어.
조선을 공격하라!
왜군은 신식 무기인 조총을 앞세워 부산을 점령하고, 탄금대에서 신립 장군이 이끈 조선군을 격파했어. 그리고 수도인 한양까지 점령했지.

행주산성에서 권율이 적은 군사로 많은 왜군을 이길 수 있었던 까닭은?

이순신이 이끄는 수군과 의병들의 활약으로 왜군을 점점 몰아내기 시작했어요. 명나라에서 보내준 군대도 큰 도움이 되었습니다. 행주산성에서는 권율 장군이 이끈 관군과 의병 9천 명이 왜군 3만여 명과 싸워 큰 승리를 거두었어요. 그런데 행주 대첩에서 이길 수 있었던 이유는 성 안의 여자들이 행주치마에 돌을 나르며 전쟁을 도왔기 때문일까요? 아니면…

등장인물

이순신

미리 준비한 거북선, 판옥선 등을 이용하여 왜군을 박살 내며 백전백승을 올린 조선 장군. 이순신 장군의 승리로 왜군은 보급이 끊겨 손가락만 빨게 되었다.

권율

행주 대첩을 승리로 이끈 조선 장군. 비격진천뢰, 신기전, 천자총통 등의 우수한 무기와 뛰어난 전술로 왜군을 물리쳤다.

김시민

진주성에서 왜군과 용감하게 맞서 성을 지켜낸 조선 장군. 하지만 안타깝게도 전투에서 목숨을 잃었다.

이여송

조선을 도우러 온 명나라 장군. 평양성 전투에서 도움을 주었지만 나중에는 왜군과 싸우지 않고 뭉그적거렸다.

이순신이 이끄는 수군이 옥포, 사천, 당포에서 왜군을 무찔렀어. 특히 한산도에서 학익진을 이용한 전술로 왜군에 큰 승리를 거두었지.
조선군과 조선을 돕기 위해 명나라에서 온 군대가 많은 대포를 이용하여 평양성을 되찾았어.
행주산성에서는 비격진천뢰 및 신기전, 천자총통을 비롯한 우수한 화약 무기와 끓는 물, 돌멩이까지 사용하여 왜군을 물리쳤지.
진주성에서는 김시민이 이끈 조선군이 백성들과 함께 힘을 모아 왜군을 물리쳤어.
평양성
명
이여송
주성

49 일본인 사야가가 왜군에게 조총을 겨눈 까닭은?

임진왜란은 7년에 걸친 긴 전쟁이었어요. 전쟁 중 명나라와 일본은 3년간 협상을 펼치기도 했으나 조건이 달라 다시 싸우게 되었지요. 그런데 조선군 중 큰 활약을 펼친 인물 중에는 일본인 장수였던 사야가도 있었습니다. 사야가는 조선의 조총 부대를 이끌며 많은 승리를 거두었다고 해요. 그런데 임진왜란이 끝난 후 사야가는 일본인으로 살았을까요? 아니면…

사야가(김충선)

임진왜란 때 조선으로 귀화한 일본 장군. 잔인한 왜군에 등을 돌리고 조선군이 되어 싸웠다. 선조로부터 김충선이라는 이름을 받았으며, 임진왜란 이후에도 조선 장군으로 활약하며 공을 세워 높은 벼슬에 올랐다.

이순신

일본 수군이 이름만 들어도 벌벌 떨었던 조선 장군. 물러나는 왜군을 마지막까지 추격해 노량에서 큰 승리를 거두었다. 그러나 왜군이 쏜 총에 맞아 죽음을 맞이했다.

임진왜란은 7년 동안이나 계속되었어.
도요토미 히데요시가 죽자 물러나는 왜군을 이순신은 노량 앞바다에서 크게 물리쳤어. 하지만 이순신은 그만 총에 맞고 안타까운 최후를 맞았지.
상황이 급박하니 내 죽음을 적에게 알리지 마라!
제발 물러가라! 독한 놈들!
문화와 예술이 발달한 조선을 침략하는 것은 옳지 않소!
왜군 장수였던 사야가는 병사 수백 명과 함께 조선 편이 되어 왜군과 싸웠어. 그는 조총 부대를 이끌고 많은 전투에서 승리했지.
이 배신자!
임진왜란으로 백성들은 살기가 어려워졌어. 일본은 많은 문화재를 빼앗고, 우리나라 도자기 기술자들도 포로로 끌고 갔지.

신사임당이 국물이 튀어 더러워진 치마에 그림을 그린 까닭은?

신사임당이 잔치 집에 갔을 때의 일입니다. 하인이 국을 들고 가다가 비싼 치마를 빌려 입고 온 한 부인의 치마에 엎질렀어요. 어찌할 바를 모르고 당황하는 부인의 치마에 신사임당은 그림을 그렸어요. 그림을 그린 다음 부인에게 치마를 시장에 내다 팔라고 했다니, 정말 그림 실력에 자신이 있었나 봐요. 그런데 그 치마는 시장에서 비싼 값에 팔렸을까요? 아니면…

등장인물

신사임당

조선 시대 화가이자 시인이며, 학자. 풀과 벌레를 멋있게 그린 초충도 등 많은 그림을 그렸으며, 다른 화가들의 그림에도 그림을 칭찬하는 글을 쓰기도 했다. 시험의 달인 율곡 이이의 어머니로 5만원 지폐의 주인공.

허난설헌

조선 시대 화가이자 시인. 300여 편의 시를 남기고 젊은 나이에 세상을 떠났다. 그녀의 동생 허균은 누나의 시집을 펴냈는데, 그녀의 시는 중국 명나라에 소개되어 시집으로 출판될 정도로 뛰어났다.

잔치 집에 온 손님이 빌려 입은 치마에 음식 국물이 튀어 곤란해 하자 신사임당이 그림을 그려주었어. 그 치마는 비싼 값에 팔렸다고 해.
허난설헌은 아름다운 시를 많이 지었어. 하지만 27세 젊은 나이로 세상을 떠났지.
허난설헌의 시집이 이달의 베스트셀러가 되었어요! 일본까지 대유행이랍니다.
난설헌집
허난설헌의 동생 허균이 엮은 "난설헌집"은 중국과 일본에서 출판되어 크게 인기를 얻었어.
여성이라고 아름다운 시를 짓지 못하는 것은 아니야.
하찮아 보이는 풀과 벌레들도 자세히 보면 아름다워!
신사임당은 주변에서 볼 수 있는 풀과 벌레들을 많이 그렸어.

부록

색칠하며 익히는
한국사 명장면 컬러링북

P.49 참고

수창궁
조선
경복궁
사직단
종
종각

명심

평양성

나선희화점

Foreign Copyright:
Joonwon Lee
Address: 3F, 127, Yanghwa-ro, Mapo-gu, Seoul, Republic of Korea
          3rd Floor
Telephone: 82-2-3142-4151, 82-10-4624-6629
E-mail: jwlee@cyber.co.kr

 **한눈에 새기는 찰칵 한국사 ❷** 고려~조선 전기

2022. 3. 18. 초 판 1쇄 인쇄
2022. 3. 25. 초 판 1쇄 발행

지은이 │ 김봉수, 김진호, 신대광, 조성래
펴낸이 │ 이종춘
펴낸곳 │ BM ㈜도서출판 **성안당**
주소 │ 04032 서울시 마포구 양화로 127 첨단빌딩 3층(출판기획 R&D 센터)
　　 │ 10881 경기도 파주시 문발로 112 파주 출판 문화도시(제작 및 물류)
전화 │ 02) 3142-0036
　　 │ 031) 950-6300
팩스 │ 031) 955-0510
등록 │ 1973. 2. 1. 제406-2005-000046호
출판사 홈페이지 │ **www.cyber.co.kr**
ISBN │ 978-89-315-5792-3(64900)
정가 │ **15,800원**

이 책을 만든 사람들
기획 │ 최옥현
진행·교정 │ 오영미
일러스트 │ 임유영
본문·표지 디자인 │ 앤미디어
홍보 │ 김계향, 이보람, 유미나, 서세원
국제부 │ 이선민, 조혜란, 권수경
마케팅 │ 구본철, 차정욱, 나진호, 이동후, 강호묵
마케팅 지원 │ 장상범, 박지연
제작 │ 김유석

■ **도서 A/S 안내**

성안당에서 발행하는 모든 도서는 저자와 출판사, 그리고 독자가 함께 만들어 나갑니다.
좋은 책을 펴내기 위해 많은 노력을 기울이고 있습니다. 혹시라도 내용상의 오류나 오탈자 등이
발견되면 **"좋은 책은 나라의 보배"**로서 우리 모두가 함께 만들어 간다는 마음으로 연락주시기
바랍니다. 수정 보완하여 더 나은 책이 되도록 최선을 다하겠습니다.
성안당은 늘 독자 여러분들의 소중한 의견을 기다리고 있습니다. 좋은 의견을 보내주시는 분께는
성안당 쇼핑몰의 포인트(3,000포인트)를 적립해 드립니다.

잘못 만들어진 책이나 부록 등이 파손된 경우에는 교환해 드립니다.